ADAC

Slowenien

von Veronika Wengert

 **ADAC Top Tipps**

Das müssen Sie gesehen haben! Die zehn Top Tipps bringen Sie zu den absoluten Highlights.

 **ADAC Empfehlungen**

Unterwegs gut beraten: Diese 25 ausgesuchten Empfehlungen machen Ihren Urlaub perfekt.

Preise für ein DZ mit Frühstück:
€ | bis 80 €
€€ | bis 170 €
€€€ | ab 170 €

Preise für ein Hauptgericht:
€ | bis 12 €
€€ | bis 18 €
€€€ | ab 18 €

3-mal draußen

1 Velika Planina – Romantische Hochalm

In nur fünf Minuten bringt die Seilbahn Wanderlustige in eine der letzten Hirtenbastionen Europas, wo im Frühling ein lila Krokusfeld blüht. Zwischen Hirtenhütten, die mit lokalen Delikatessen wie Sauermilch und Štrukli locken, fühlt man sich der slowenischen Natur ganz eng verbunden. Die Pendelbahn ist mit 1,67 Kilometern die längste stützenfreie ihrer Art in Europa und bewältigt 857 Höhenmeter.

■ Talstation Velika planina, Kamniška Bistrica 2, 1242 Stahovica, www.velikaplanina.si

2 Rakov Škocjan – Auf Winnetous Spuren

Das 2,5 Kilometer lange Karstreservat Rakov Škocjan war die Kulisse für »Winnetou 2« und »Old Surehand«. Durch die sattgrüne Schlucht, die von den beiden Felsbrücken Veliki most und Mali most überspannt wird, schlängelt sich der Fluss Rak.

■ Naturreservat Rakov Škocjan, 1380 Cerknica, www.notranjski-park.si

3 Ankaran – Muschelfriedhof an der Adriaküste

Was aus der Ferne wie feiner weißer Karibiksand wirkt, ist in Wirklichkeit ein Muschelfriedhof. Ein Holzschild mit der Aufschrift »Pokopališče školjk« ist der einzige Hinweis zu diesem geschützten Stück Adriaküste. Beim Aushub des benachbarten Hafens Koper wurde jede Menge Meeresboden aufgewirbelt. Zurück blieb eine faszinierende Muscheldüne.

■ Pokopališče školjk, Jadranska cesta, 6280 Ankaran, www.visitankaran.si/de/sehenswuerdigkeiten/muschelfriedhof

Seite 18

Intro

Magazin

Seite 31

Im Blickpunkt

Unterwegs

Seite 92

Seite 137

Zu diesen Orten und Sehenswürdigkeiten finden Sie Detailkarten im Innenteil des Reiseführers.

Service

Umschlag:

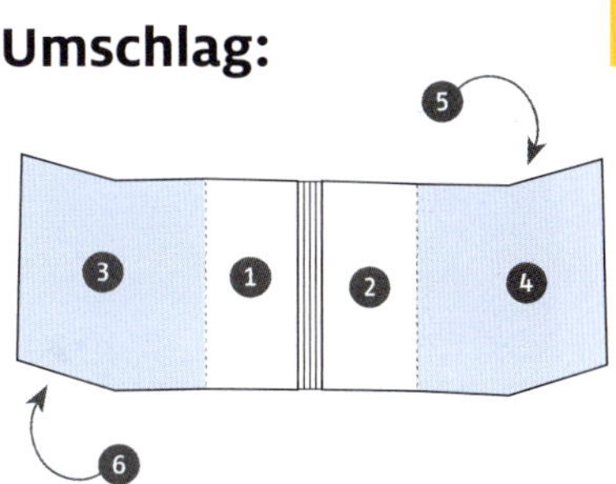

ADAC Top Tipps: Vordere Umschlagklappe, innen 1

ADAC Empfehlungen: Hintere Umschlagklappe, innen 2

Übersichtskarte Slowenien West: Vordere Umschlagklappe, innen 3
Übersichtskarte Slowenien Ost: Hintere Umschlagklappe, innen 4
Stadtplan Ljubljana: Hintere Umschlagklappe, außen 5
Ein Tag in Ljubljana: Vordere Umschlagklappe, außen 6

Stolze Alpengipfel und südliche Leichtigkeit

Mächtige Gebirge, mediterraner Küstenzauber und eine elegante Hauptstadt – Slowenien überrascht mit einer bunten Mischung

Imposant erheben sich die Gipfel der Kamniker Alpen über dem Städtchen Kranj

In Slowenien verschmilzt ein bunter Kosmos an Landschaften miteinander: die grauweißen Berggipfel der Julischen Alpen, der von Tropfsteinhöhlen durchzogene Karst, die Adriaküste mit ihren venezianisch geprägten Städtchen und die pannonischen Weiten im Osten. Dazwischen wellen sich sonnige Weinberge und dichte Wälder. Malerische Altstädte, zahlreiche Burgen, Schlösser und Klöster versprechen einen Kultur-Kick, während es sich in den Thermalbädern im Osten herrlich entschleunigen lässt. Diese wunderbare Mischung trifft man auf einer Fläche, die gerade mal halb so groß wie die Schweiz ist!

Hippe Hauptstadt

Genauso vielfältig wie das Land gibt sich die Hauptstadt Ljubljana mit ihren 284 000 Einwohnern: Vom mächtigen

Burghügel fällt der Blick auf reichlich Grün, in romantischen Gassen mit hübschen Boutiquen kann man stundenlang bummeln. Junge Leute düsen auf E-Rollern durch die weitgehend autofreie Innenstadt, und in angesagten Terrassencafés am Fluss Ljubljanica wird die Espresso-Kultur gepflegt – nur

wenige Autostunden von München oder Wien entfernt. Noch mehr Lust auf Stadt? Maribor, die zweitgrößte, lockt mit dem ältesten Rebstock der Welt und einem lebhaften Kneipenviertel am Fluss Drava, Kranj mit Alpencharme und Škofja Loka oder Ptuj mit mittelalterlichem Flair.

Durchquert man das Karawankenmassiv, das das Land von Österreich trennt, ist es nicht mehr weit bis nach Bled: Die »Grande Dame« des slowenischen Tourismus schmiegt sich an einen Gletschersee, mit der einzigen »richtigen« Insel Sloweniens. Auf dem Weg zum kristallklaren Bohinjer See säumen sattgrüne Wiesen mit Heuharfen die Straßen. Eingerahmt wird das Alpenspektakel von gezackten Bergspitzen. Die höchste unter ihnen ist der Triglav (2864 m) mit seinen »drei Köpfen«. Nach dem Triglav ist Sloweniens einziger Nationalpark benannt, der eine schroffe Bergwelt mit malerischen Tälern und im Westen das Tal der Soča umfasst: Rafting-Fans steigen gerne in

Die Küstenstadt Piran besticht mit einer traumhaften Lage (unten) – Kajakausflug im Nationalpark Triglav (ganz unten)

diesen tosenden smaragdgrünen Gebirgsfluss. Wer lieber festen Boden unter den Füßen hat, findet im alpinen Slowenien viele gut markierte Wanderwege. Im Winter gleiten Skifahrer die schneereichen Pisten hinab.

» *Freunde! Einen süßen Wein haben uns die Reben geschenkt, der unsere Adern belebt.* «

France Prešeren (1800–1849)

Unterirdische Welten

Wo die Berge in Richtung Meer flacher werden, erstreckt sich der Karst mit seinem porösen Untergrund, den mehr als 10 000 Höhlen durchziehen. Knapp zwei Dutzend wurden für Besucher geöffnet. In die größte Schauhöhle Europas, Postojnska jama, rauscht sogar eine Höhlenbahn hinein. Genauso spektakulär sind die Škocjanske jame mit bis zu 150 m hohen Tropfsteinsälen, die vom Fluss Reka durchspült werden. Weiter südlich im Karst steht die Wiege der weltberühmten Lipizzaner, die hier elegante Figuren einüben.

Ein grünes Land

Slowenien ist grün: Mehr als die Hälfte des Landes ist bewaldet, ein Drittel des Territoriums steht unter Naturschutz. In den dichten Wäldern im Südosten, rund um Kočevje, sind Bären, Wölfe und Luchse zu Hause. Wer nahezu unberührte Natur mitten in Europa sucht, findet UNESCO-geschützte Urwälder. Überhaupt hat sich das Land einer grünen, nachhaltigen Tourismusstrategie verschrieben: Unterkünfte, Sehens-

Die Hauptstädter genießen es, ihren Abend am Ufer der Ljubljanica zu verbringen

würdigkeiten und Co. werden mit dem Label »Green Slovenia« ausgezeichnet. Neuester Trend: Statt auf den Neubau von Hotels setzt man, etwa in den sonnigen Weinbergen im Osten, auf die Vermietung alter Winzerhäuschen.

Kelten, Illyrer und Römer waren da, viel später kamen die Habsburger und an der Küste die Venezianer: Die Slowenen hatten in der Vergangenheit viele Herrscher. Das sieht man heute noch überall im Land, vor allem jedoch im Osten: Kaum ein Hügel, der nicht von Burgen oder Schlössern bewacht wäre. Mehr als 500 werden gezählt, manche mit stuckverzierten Sälen, andere mit grasüberwucherten, vergessenen Mauern. Hübsch restauriert beherbergen viele Burgen, etwa in Ptuj oder Škofja Loka, sehenswerte Regionalmuseen.

Ein Land für Genießer

Die Slowenen sind sehr gastfreundlich: In rustikalen Wirtshäusern wird bodenständige Küche aufgetischt – mit vielen fremden Einflüssen. Im Ausland kaum bekannt sind die slowenischen Weine, rot oder weiß, die vorzüglich schmecken, darunter viele heimische Sorten. Wer Genuss mag, kann sich ganz entschleunigt auf Weinstraßen fortbewegen: etwa rund um das Weindorf Jeruzalem im Osten oder durch Goriška Brda, die hügelige »slowenische Toskana« an der Grenze zu Italien. Dazwischen locken Slow-Food-Restaurants längst viele Anhänger aus den Nachbarländern an. Eine Genussreise lässt sich auch hervorragend mit einem Besuch im Thermalbad kombinieren: Vor allem im Osten Sloweniens sprudeln viele heiße Quellen, die nicht nur bestimmte Zipperlein mildern, sondern wunderbar entspannen.

Hauptstadt *Ljubljana (284 000 Einw.)*

Sprache *Slowenisch; in Gebieten mit Minderheiten auch Ungarisch bzw. Italienisch*

Währung *Euro*

Staatsform *Parlamentarische Republik*

Unabhängigkeit *25. Juni 1991 (von Jugoslawien)*

Fläche *20 273 km² (etwa halb so groß wie die Schweiz)*

Einwohner *2,1 Mio.*

Tourismus *ca. 6 Mio. Gäste pro Jahr*

Religion *Überwiegend römisch-katholisch*

Höchster Berg *Triglav (2864 m)*

Längster Fluss *Sava (221 km durch Slowenien, Gesamtlänge: 945 km)*

Oft gehörte Redewendung
»Ni problema« (»Kein Problem«)

Sloweniens Exportschlager
»Original Oberkrainer« (1953–1993), Haushaltsgeräte von Gorenje, Skier der Marke Elan

Berühmteste Erfindung
Cockta (auch: »Jugocockta«), die jugoslawische Coca-Cola, 1953

Nationaldichter *France Prešeren (1800–1849)*

Das lieben alle Slowenen
Ab in die Berge!

Magazin

Malerisch umgeben die Julischen Alpen den Bleder See mit seiner berühmten Kircheninsel und einer Burg. Zum schönsten Seeblick führen sanfte Wanderwege auf Anhöhen hinauf – und fast möchte man hier nicht mehr weg, so malerisch wirkt das Panorama.

Wie ein Fächer überspannt Ljubljanas berühmte Tromostovje den Fluss Ljubljanica. Die dreifache Brücke, die 1929–1932 auf beiden Seiten durch Fußgängerübergänge ergänzt wurde, ist eines der Wahrzeichen der Stadt.

AVE GRATIA PLENA

Drachengrün schimmert der winzige See im Naturreservat Zelenci bei Podkoren. Seine spektakuläre Farbe gab dem Sumpfland seinen Namen: »Zelen« bedeutet auf Slowenisch grün. Das beliebte Ausflugsziel im Dreiländereck gehört zum Netzwerk Natura 2000, hier nimmt die Sava Dolinka ihren Lauf.

Beste Reisezeit Slowenien

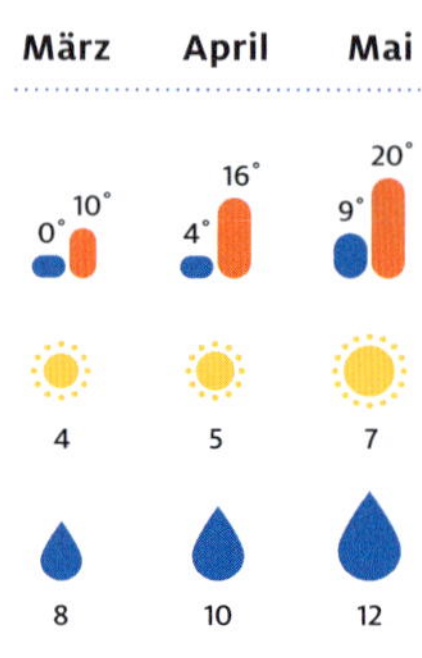

Die Bedeutung der Symbole:
(Angaben sind Mittelwerte)

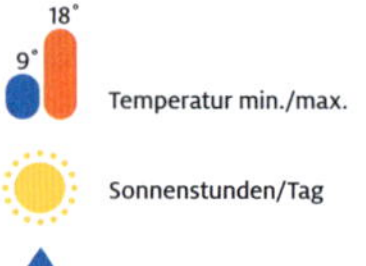

Temperatur min./max.

Sonnenstunden/Tag

Regentage im Monat

FRÜHLING

Wenn der Schnee schmilzt, tosen die Wasserfälle, und milde Luft durchströmt das ganze Land.

Wunderbar farbenfroh wird das Frühjahr in Slowenien eingeläutet: Ein lila Meer von Krokussen färbt die Hochalm Velika Planina ein, nördlich des Alpenstädtchens Kamnik. Ganz in der Nähe breitet sich ein kunterbunter Teppich aus 2 Mio. Tulpen im Arboretum Volčji Potok aus. Doch auch anderswo in Slowenien lässt sich der Frühling angenehm und vor allem sonnig erleben: An der Küste mit ihren silbergrauen Olivenbäumen und dem mediterranen Klima wärmt die Sonne die Spaziergänger schon recht früh im Jahr. Das Küstenstädtchen Portorož mit seiner langen Uferpromenade ist nun der perfekte Ort für einen Bummel, ohne Sommertrubel. Die Badehose bleibt aber noch vermutlich noch bis Mai oder Juni im Gepäck. An Ostern beginnt die touristische Saison. Rund um den 1. Mai verreisen die Slowenen sehr gerne, da sich hier gleich drei arbeitsfreie Tage innerhalb einer Woche finden.

Das Frühjahr ist optimal für einen Städtetrip, etwa nach Ljubljana, Maribor oder Celje. Wer Burgen, Schlösser und Klöster mag, kann nun ganz entspannt – ohne Sommerhitze oder Glatteis auf den Straßen – durchs Land reisen. Kleinere Museen, aber auch Höhlen oder Klammen, sind nun geöffnet – vor Juni oftmals jedoch nur am Wochenende. Wer eine Reise durch die Alpen plant, etwa über den Vršič-Pass, sollte sich rechtzeitig über Wintersperrungen und Schnee informieren. Auch im April kann dort noch Schnee liegen. Das freut vor allem Wintersportler, dass man etwa auf dem Berg Kanin, Sloweniens höchstem Skigebiet, das Winterglück oft noch recht lange genießen kann. Im Frühjahr ist die Zeit der Wasserfälle: Überall spritzt und tost es im Gebirge eindrucksvoll – das perfekte Fotomotiv.

Ein lilafarbener Krokusteppich färbt im Frühjahr die Hochalm Velika Planina ein

Mitten im Nationalpark Triglav erstreckt sich der Bohinjsko jezero, der im Sommer zum Baden einlädt

SOMMER

Baden, Bergwandern, Bummeln – jetzt ist alles möglich, und an der Küste wird es recht lebhaft.

Im Sommer findet jeder seinen Lieblingsort in Slowenien, ob am Meer, in den Bergen oder irgendwo mittendrin. An der Adriaküste wird das Wasser nun bis zu 25 °C warm, in den Küstenorten geht es trubelig zu. Park- und Badeplätze sind begehrt, die Hotelpreise werden nach oben geschraubt. Wer auf Juni oder September ausweichen kann, badet in ruhigerer und entspannterer Atmosphäre. Die Thermalbäder locken nun mit geöffneten Außenpools, die oft auch Rutschen haben – ein Familienspaß. In den großen Tropfsteinhöhlen im Karst, allen voran die weltberühmte Postojnska jama, sind nun sehr viele Besucher unterwegs – vor allem an Regentagen. Dann ist Geduld gefordert. Warme Kleidung sollte mit ins Gepäck, da es in der Unterwelt ganzjährig recht frisch ist.

Wer in der Alpenregion Urlaub macht, sollte ebenfalls etwas Warmes für Wetterumschwünge und kühle Nächte dabeihaben: Selbst im August kann es im Gebirge kühl werden. Tagsüber spendet die Bergregion dafür wunderbar gemäßigte Temperaturen. Wem es hier immer noch zu warm ist, findet in den Alpenseen Abkühlung. An vielen Flüssen, etwa an der Soča oder im Osten an der Kolpa oder Krka, kann man nun die Füße ins Wasser hängen oder eine Wildwasser-Partie unternehmen. Überhaupt ist der alpine Sommer ideal zum Wandern, Radfahren oder für andere Outdoor-Erlebnisse: Die Skipisten gehören nun den Mountainbikern, die Städte und Hügellandschaften den Ge-

	Juni	Juli	Aug.
Min.	12°	14°	13°
Max.	24°	26°	26°
Sonne	7	8	7
Regen	11	10	9

Nicht nur für Romantiker: Die berühmte Herzerl-Straße in der Štajerska flammt im Herbst bunt auf

nussradlern. Wer einen Städtetrip plant: Im Sommer haben die meisten Museen lange Öffnungszeiten, in Ljubljana, Maribor, Bled, Piran und anderswo finden Sommerkonzerte und -festivals vor stimmungsvoller Kloster- oder Altstadtkulisse statt. Zum Sommerende führen viele Wasserfälle und Flüsse, auch die beliebte Soča, nur noch wenig Wasser.

HERBST

Nach der Traubenlese wird der junge Wein fröhlich gefeiert, und im warmen Thermalwasser lässt es sich nun dem Herbstwetter trotzen.

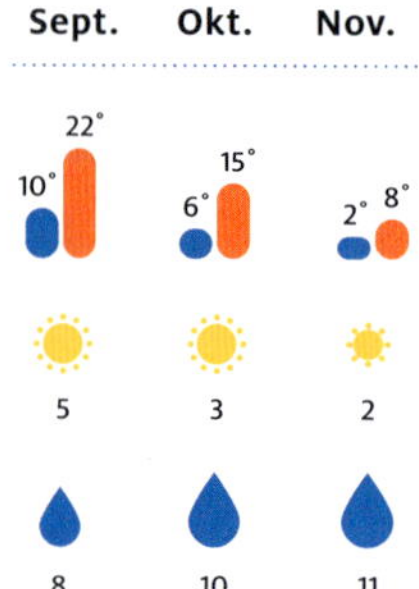

Der Herbst gehört den sonnigen Weinhügeln! Nun ist die richtige Zeit, um ganz entspannt mit dem Fahrrad durch bunte Weinberge zu radeln. Die Winzer haben während der Lese zwar alle Hände voll zu tun – ist diese vorüber, freuen sie sich über zahlreiche Gäste. Trauben werden auch am ältesten Rebstock der Welt in Maribor gelesen – mit einem großen Fest. Auch anderswo feiert man den Wein und die getane Arbeit, Höhepunkt ist am Sankt-Martins-Tag im November.

Im späten Herbst fegt die »burja«, der böige Bora-Fallwind, an manchen Tagen stürmisch über die Küste und den Karst. Dann kann es draußen recht ungemütlich werden. Im Oktober und November sind dicke Regentropfen in der Gegend nicht selten. Kleinere Museen, Höhlen, Restaurants und Hotels machen nun oftmals eine Pause oder haben nur am Wochenende geöffnet. Am besten informiert man sich vor einem Besuch.

Wohlig warm ist nun in den Thermalbädern im Osten des Landes und an der Küste: Im frühen Herbst werden oftmals interessante Pauschalen angeboten, die Unterkunft, Verpflegung, Bädereintritte und mehr umfassen – hier kann man dem ungemütlichen Herbstwetter perfekt trotzen.

WINTER

Schneeweiße Berggipfel, heimeliger Budenzauber in den Städten, einsame Küstenabschnitte – auch der Winter hat seinen Reiz.

Wer Skifahren, Snowboarden, Rodeln oder Schneeschuhwandern mag, findet in der Alpenregion nun viele interessante Ziele wie Kranjska Gora oder das Pohorje-Gebirge bei Maribor. Die Infrastruktur ist gut, die Preise sind erschwinglich und die Pisten nicht ganz so steil wie anderswo – was vor allem Familien mit Kindern und Anfänger zu schätzen wissen.

In der Adventszeit ist ein Städtetrip, etwa nach Ljubljana, besonders reizvoll: Die Gassen sind stimmungsvoll beleuchtet und heimelige Buden auf dem Weihnachtsmarkt sorgen dafür, dass einem die Kälte (fast) nichts anhaben kann. Ein besonderes Erlebnis ist die »lebendige Krippe« in der Tropfsteinhöhle Postojnska jama.

Zum Jahreswechsel zieht es viele Slowenen gerne an die Küste, etwa nach Portorož: Wind- und Wetterfest eingemummelt trotzt man dem milden Winter an der Adriaküste, wo das Meer selbst im Winter nicht kälter als 12 Grad Celsius wird. Die warme Strömung und der Karst schützen die Küstenorte vor allzu kalten Winden. Schnee fällt an der Küste übrigens so gut wie nie. Dafür bringen Februar und März dicke Regenwolken.

Zu Karneval ist das Städtchen Ptuj unbedingt einen Besuch wert: Die zottigen Kurenti vertreiben dort beim berühmtesten Faschingsbrauch des Landes, den Winter – und machen damit den Weg frei für das Frühjahr.

	Dez.	Jan.	Feb.
Temperatur (min/max)	-2° / 3°	-5° / 1°	-4° / 5°
Sonne	1	2	3
Regen	10	9	8

Besonders stimmungsvoll zur Adventszeit: der Prešeren-Platz mit der Franziskanerkirche in Ljubljana

Weltberühmte Wurst, wunderbarer Wein

Nach getaner Arbeit lieben die Slowenen den Genuss: Hausgemachtes Essen, ein guter Tropfen Wein und das gemütliche Zusammensein gehören zum Alltag. Die Küche ist bodenständig und schnörkellos, die Zutaten stammen fast immer aus der Region. Viele Rezepte kennt man auch in den Nachbarländern. Eine wunderbare Mischung!

Dichte Rauchschwaden wabern über dem Holzkohlegrill, es riecht nach Ćevapčići. Frische Adria-Sardinen tauchen in Öl ein und irgendwo hobeln flinke Finger Trüffeln aus Istrien über Buchweizen-Gnocchi. Wer eine kulinarische Rundreise durch Slowenien erleben möchte, muss nicht erst quer durchs ganze Land fahren. Vielmehr sollte man einfach freitags in Ljubljana sein: Dann reihen sich, von Frühjahr bis Herbst, gut 50 Stände auf dem angesagtesten Street-Food-Event des Landes, der »Odprta kuhna« (»Offene Küche«), nebeneinander. Köche aus dem Prekmurje, an der ungarischen Grenze, haben Bogratež-Kesselgulasch mitgebracht und Winzer aus dem Vipava-Tal schenken gelbgrünen Rebula aus. Traditionelle slowenische Gerichte treffen hier auf Superfood-Bowls, Bio-Smoothies, Gourmetburger und Falafel: Urbane, moderne Küche, die das Gastro-Angebot in Ljubljana auch sonst prägt.

Slow Food im Freien: Odprta kuhna mit Dutzenden Ständen in Ljubljana

Touristische Bauernhöfe sind eine erstklassige Möglichkeit, echte slowenische Hausmannskost ganz frisch zu genießen

SLOW FOOD FÜR ALLE

Das i-Tüpfelchen der »Odprta kuhna« sind jedoch Slow-Food-Restaurants aus ganz Slowenien, die man sich sonst nicht leisten kann oder möchte: Meisterköche wie Janez Bratovž, der mit seiner Restavracija JB Feinschmecker ins Zentrum von Ljubljana lockt, zeigen gehobene Küche »live«. Bratovž, dessen Logo eine krumme Gabel ist, gilt als einer der Ersten, die die »neue slowenische Küche« zelebriert haben: Alte Rezepte mit traditionellen Zutaten werden auf moderne, schnörkellose Art zubereitet. Bodenständig, aber keinesfalls einfallslos. Dabei legt Bratovž großen Wert auf saisonale und regionale Produkte, die er täglich auf dem Grünmarkt in Ljubljana selbst auswählt.

Auch Ana Ros, deren Restaurant Hiša Franko aus Kobarid zu den besten des Landes gehört, ist genau dafür berühmt: Sie schätzt heimische Wildpflanzen, die Marmorata-Forelle aus der Soča oder den Käse vom Bio-Bauernhof aus der Umgebung. Möglichst regional, saisonal und mit viel Herzblut zubereitet. Diese drei Dinge verbinden alle kulinarischen Regionen Sloweniens, die sich sonst recht vielfältig geben.

Alle Nachbarn und Herrscher in der Geschichte haben ein wenig dagelassen: Polenta, aus Mais oder Buchweizen, ist im Friaul ebenso beliebt, in Triest kennt man den Jota-Eintopf ebenfalls und überhaupt stehen Pasta und Gnocchi den italienischen in nichts nach. Mehlspeisen, darunter köstliche Palatschinken, werden in bester K.u.k.-Tradition zubereitet. Klassisches Streetfood – zumindest in Ljubljana – ist »burek«, mit Hackfleisch gefüllte Blätterteigpasteten, die mit den bosnischen Gastarbeitern kamen. Ein jugoslawisches Relikt, das überaus populär ist, sind Balkan-Grillteller mit Ćevapčići-Hackfleischröllchen oder Pljeskavica-Burgern.

Das Zusammenspiel verschiedener Klimaeinflüsse und Böden beschert Slowenien eine große Weinvielfalt

FLEISCH, FISCH UND FRISCHES

Überhaupt lieben die Slowenen Fleisch, Schnitzel, Braten und Co. Weltberühmt ist die Krainer Wurst (»Kranjska klobasa«), die eine US-Astronautin mit slowenischen Wurzeln als Brotzeit mit ins Weltall nahm. Der in der Bora luftgetrocknete Karstschinken (»pršut«) ist eine Versuchung. An der Küste ist Fisch weit verbreitet, den berühmtesten Wolfsbarsch (»brancin«) des Landes liefert die Fischfarm Fonda in gute Lokale (www.fonda.si).

IN EINER GOSTILA WIRD MAN SATT

Am besten isst man in einer »gostilna«, einem Gasthaus: Dort sind die Köche stets besorgt, dass ihre Gäste nicht satt werden könnten – und tischen meist entsprechend üppige Portionen auf. Manche Wirte nennen ihr Lokal auch »restavracija«. Mittags kommen gerne Nudel- oder Pilzsuppe, als Hauptgang Fleisch oder auch mal nur ein Eintopf auf den Tisch, abends darf es schon mal üppiger sein. Die Nachspeisen sind ausnahmslos zum Niederknien: Traditionelle, fast ein wenig altmodisch wirkende Kuchen und Torten sind sehr beliebt. Die »Königin« unter ihnen ist die »potica«, eine Art Nuss- oder Mohnrolle – mit 80 Variationen. Der gekochte Quarkstrudel »štrukljі«, den es auch salzig als Beilage gibt, ist ein Gedicht!

OFT UNTERSCHÄTZTE WEINE

Viele Kleinwinzer keltern vorzügliche Tropfen, darunter die weißen Sorten Welschriesling (Laški Rizling), Furmint (Šipon) im Nordosten, während in Istrien vor allem der rote Teran (Refošk) und der weiße Malvazija

verbreitet sind. Auch international bekannte Sorten wie Chardonnay, Riesling, Sauvignon Blanc oder Merlot sind empfehlenswert. Ein Sonderling ist der erfrischende Cviček-Wein, der aus roten und weißen Trauben gekeltert wird und weniger als 10 % Alkoholgehalt hat. Er ist typisch für die Region Doljenska im Südosten.
Im Trend sind aber auch Craft-Biere slowenischer Mikro-Brauereien. In Ljubljanas Altstadt-Kneipen finden sich oft viele Biersorten, auch bayerische oder belgische. Als Kult-Softdrink gilt Cockta, die »jugoslawische Cola« – jedoch ohne Koffein.

In aller Munde

Das Kuchenstück wackelt sanft auf dem Teller, den der Kellner auf dem Cafétisch abstellt. Perfekt! Ein leichtes Zittern der legendären »Blejska kremšnita«, der Bleder Cremeschnitte, ist nämlich ein untrügliches Zeichen dafür, dass die Rezeptur perfekt gelungen ist. Daran würde in der Kavarna Park in Bled ohnehin niemand zweifeln. Sie gilt als »Wiege« der »Blejska Kremšnita«: Ihr Schöpfer ist der ungarische Konditormeister Ištvan Lukačević, der aus der serbischen Provinz Vojvodina zuwanderte, wo man ein ähnliches Rezept kennt – die »krempita«. Er verfeinerte sie und präsentierte sie 1953 als »Blejska kremna rezina«, meist nur »kremšnita« genannt. Die Sieben ist ihre Zahl: siebenmal muss der Blätterteig ausgerollt werden, die Vanillecreme ebenso häufig aufkochen. Der fertige Kuchen – in oberster und unterster Schicht mit krossem Blätterteig ummantelt, mit üppiger Eiercreme und Sahne dazwischen – wird anschließend in quadratische Würfel geschnitten. Die Kuchenstücke messen, Sie ahnen es schon, auf jeder Seite sieben Zentimeter. Großzügig mit Puderzucker bestäubt, wird die »kremšnita« dann serviert. Zubereitet wird sie immer ganz frisch: Mehrmals täglich vermengen die Konditoren Eier, Mehl, Sahne, Milch, Zucker und Butter miteinander. An schönen Sonntagen wandern bis zu 3500 Cremeschnitten über den Kuchentresen – pro Tag. Längst schon bekommt man den köstlichen, aber gehaltvollen, Kuchen überall in Bled – und es gehört bei einem Ausflug unbedingt dazu, ihn zu probieren. Früher ging übrigens kein Weg an einer Bleder Kremšnite vorbei, wenn ein Mann das Herz seiner Angebeteten erobern wollte: Gemeinsam löffelte man sich, Schicht für Schicht, zur üppig-cremigen Glückseligkeit – das perfekte Date.

Wahrzeichen von Bled: Blejska kremšnita

Hausgemachte Köstlichkeiten

Honig, Meersalz oder Kürbiskernöl: Kulinarische Produkte sind das beste Mitbringsel aus Slowenien. Jede Region bietet eigene Spezialitäten an, die es in Delikatessengeschäften oft hübsch verpackt gibt. Doch auch Kunsthandwerk wie Spitzen aus Idrija oder Upcycling-Design warten auf Käufer.

Beim Bummel über den Grünmarkt von Ljubljana will man am liebsten in Berge tiefroter Kirschen hineingreifen. Neben dem tiefbraunen Kürbiskernöl aus der Štajerska reihen sich goldgelber Honig vom Imker und farbenfroher Alpenkräuter-Tee. »Probieren Sie!«, so die freundliche Einladung zu einem Schnaps, »žganje«. Als Gütesiegel wird der Zusatz »domače« hinzugefügt, der nicht nur bedeutet, dass etwas im eigenen Garten gewachsen ist, sondern auch, dass es mit viel Liebe hergestellt wurde: Wein, Liköre, Marmelade, Olivenöl aus Istrien, Käse oder Karstschinken sind meist von hervorragender Qualität. Grünmärkte gibt es in jedem größeren Ort, ein Besuch lohnt sich! Hübsch verpackt gibt es die Spezialitäten auch in Delikatessengeschäften mit modernem Logo.

Früher ein Lkw, heute ein kunterbuntes Bienenhaus: Slowenischer Honig ist köstlich

EINKAUFSPARADIES LJUBLJANA

Ljubljanas Altstadt ist die Shopping-Adresse in Slowenien. Wer in den kleinen Boutiquen oder Konzept-Stores vertreten ist, hat es geschafft: Slowenische Produktdesigner bieten mit Wolle umhüllte Seife, Hausschuhe aus Recycling-Material oder stylische Handtaschen an (www.trgovinaika.si). Kitschfreie Scratch-Books, Socken und anderes mit dem Logo der sympathischen Burgratte Friderik gibt es im Shop der Burg von Ljubljana. Drache Dragomir, das Maskottchen der Hauptstadt, macht auf T-Shirts eine gute Figur. Das elegante Luxus-Kaufhaus Galerija Emporium im Urbanc-Jugendstilpalast am Prešeren-Platz lohnt einen Blick – auch wenn man nichts kaufen möchte.

Die Salzblüte, »solni cvet«, aus Piran gibt es auch im Glas zu kaufen

KUNSTHANDWERK UND PRAKTISCHES

Bleikristall! Die schnörkellosen Gläser und Karaffen der Steklarna Rogaška sind im Ausland ziemlich gefragt. Im Firmenoutlet in Rogaška Slatina lässt sich so manches Einzelstück erstehen. Aus Idrija stammen die feinen Spitzen, die nicht nur schnöde Tischdekoration sind, sondern auch Abendkleider aufpeppen. Handgefertigtes Holzspielzeug, Kochlöffel und Weidenkörbe findet man auf Märkten, etwa in Ljubljana. In den örtlichen Touristeninformationen gibt es regionaltypisches Kulinarisches und Handwerk.

Das perfekte Souvenir

Meersalz aus Sečovlje

Süß! So schmeckt Schokolade, die man auf der Zunge zergehen lässt. In Piran wird die zart schmelzende Süßigkeit allerdings gerne mit feinem Fleur de Sel, Salzblüte, verfeinert. Die »Königin unter den Salzen« stammt aus den benachbarten Salinen von Sečovlje, wo sie traditionell von Hand geschöpft wird. Um die kostbare Salzblüte zu gewinnen, braucht es viel Geduld: Erst wenn das Wasser in den Salzgärten der Adria verdunstet ist, kann die nur wenige Millimeter dünne Oberfläche abgeschöpft werden. Verpasst man den richtigen Augenblick, bleibt nur gewöhnliches Meersalz zurück. Doch auch das ist wunderbar: Fein oder grobkörnig, je nach Geschmack. Ansprechend verpackt, etwa in einem kleinen Säckchen, sind Meersalz oder Salzblüte ein wunderbares Mitbringsel, um den Urlaub zu Hause noch ein wenig zu verlängern. Dort sollte es jedoch nicht zum Kochen genutzt werden, sondern auf kalte Speisen oder Salate gestreut werden, damit der Geschmack zur vollen Geltung kommt. Wer keinen Ausflug in die Salinen von Sečovlje plant, kann die Salzblüte in der Touristeninformation (TIC) Piran oder in den Geschäften von Piranske soline erwerben, z. B. in Piran (Tartinijev trg), Ljubljana (Mestni trg 8) oder im Hotel Park in Bled (Cesta svobode 15). www.soline.si

Kanutour mit der ganzen Familie am kristallklaren Bergsee Bohinjsko jezero

Tropfsteinhöhlen, Tiere und Therme

Papa mag in die Berge, Mama in die Stadt und der Nachwuchs ans Meer? Keine Sorge, in Slowenien lassen sich alle Urlaubswünsche unter einen Hut bringen: Vieles liegt so nah beieinander, dass ein Roadtrip auch mit Kindern möglich ist.

URLAUBSKASSE

Rasante Wasserrutschen, verwunschene Burgen, blank polierte Schlösser: In Slowenien gibt es für Kinder und Jugendliche viel zu entdecken. Das kann die Urlaubskasse auf Dauer ganz schön strapazieren, vor allem, wenn weltbekannte Attraktionen wie das Pferdegestüt Lipica oder die Tropfsteinhöhle Postojnska jama auf dem Programm stehen. Aber: Überall gibt es Kinderermäßigung, die ganz Kleinen dürfen meist umsonst rein. Wer beliebte Wasserfälle, Klammen oder andere Naturziele besucht, muss im Sommer mit einer Öko-Taxe oder Eintritt rechnen. Es geht jedoch auch kostenlos: Die smaragdgrüne Soča bestaunen, in die Adria eintauchen oder durch den weitläufigen Tivoli-Park in Ljubljana flitzen kostet keinen Cent – und macht nicht nur den Kleinen Spaß.

ÜBERNACHTEN MIT KINDERN

Mit den Hühnern aufstehen, Gänsen hinterherspringen und selbst gebackenen Kuchen naschen? Das geht in 850 touristischen Bauernhöfen, die sich vor allem auf Familien eingestellt haben. Die Gastgeber bewirten die Kinder mit Bio-Birnen oder selbstgekeltertem Apfelsaft. Platz zum Toben gibt es ausreichend. Viele Anbieter sind auf den gängigen Online-Buchungsportalen vertreten (z. B. www.booking.com). Wer einen Städteurlaub plant, ist mit einem Apartment als Familie oft besser beraten – zumindest platztechnisch. In Ljubljana findet sich das größte Angebot. Originell sind Baumhäuser, Weinberghäuschen und Piratenunterkünfte (S. 153). Auch in Hotels werden Familien gerne gesehen, Kinderbetten sollten reserviert werden.

KLEINE UND GROSSE ABENTEUER

Slowenien ist ideal, um auf Entdeckungstour zu gehen. Echte Abenteuer erlebt man auf Burgen, etwa in Celje, wo man im Sommer auf Ritter trifft. Auch beim jährlichen Erasmus-Ritterturnier unterhalb der Höhlenburg von Predjama trifft sie. Beim Besuch im Bergwerk gilt oft ein Mindestalter, z. B. in Veljenje müssen Besucher sechs Jahre oder älter sein. Ein Städtetrip? Selbst die Hauptstadt Ljubljana ist mit Kindern gut machbar, da im Zentrum alles recht nah beisammen liegt. Wer müde ist, ruft einfach das kostenlose Elektrovehikel Kavalir, dass es auch in anderen Städten gibt.

Auch mit den Allerjüngsten kann man viel erleben: Der Bleder See lässt sich ideal mit dem Kinderwagen oder mit der Touristen-Bimmelbahn umrunden. Anderswo in den Alpen ist man mit Trage (»Kraxe«) besser beraten. Die Vintgar-Klamm bei Bled besucht man auf 1,6 km über zischendem Wasser, den Rundweg schaffen auch jüngere Kinder. Und überhaupt ist Slowenien ein perfektes Outdoor-Ziel: Es gibt unzählige Wanderwege im Sommer und familienfreundliche Skipisten im Winter. Mit der Seilbahn kürzt man nicht nur den Weg auf den Berg ab, sondern sorgt für leuchtende Kinderaugen.

Atemberaubende Ausblicke gewähren die Seilbahnen in den Julischen Alpen

MUSEEN

Nicht alle Kinder sind begeistert, wenn es ins Museum geht. Einige machen jedoch auch dem Nachwuchs großen Spaß: Das Technikmuseum in Vrhnika (S. 76), südlich von Ljubljana, präsentiert alte Vehikel. In Ljubljana können sich ältere Kinder im Haus der Experimente (Hiša eksperimentov, www.he.si) ausprobieren, an einem Regentag lohnt ein Abstecher ins interaktive Haus der Illusionen (Hiša iluzij, www.houseofillusions.si) mit optischen Täuschungen. Ein altes Mammutskelett erwartet die Kleinen im Naturkundemuseum von Ljubljana (S. 74) und in Piran gibt es 3000 Muscheln (S. 127). Altes Feuerwehrgerät wird in Metlika gezeigt und fast jede Burg hütet Ritterrüstungen oder filigrane Teeservices für (angehende) Prinzessinnen in seinen Vitrinen.

STRAND ODER THERME?

Die slowenische Küste ist kurz, und überall, wo Platz für ein Handtuch ist, wird gebadet. Die Strandabschnitte sind felsig, betoniert oder mit Kieselsteinen aufgeschüttet. Sehr beliebt ist der Hauptstrand in Portorož (S. 127), herrlich zum Sandburgenbauen – aber im Juli und August rappelvoll. Tipp: In den Pfingstferien ist weniger los. Gebadet wird auch in Bled, im Strandbad unter dem Burgfelsen (S. 90), oder im Bohinjer See (S. 92). Wärmer ist das Wasser allerdings in den Thermalbädern

In Ljubljanas Naturkundemuseum sind die Überreste eines echten Mammuts zu bestaunen

(S. 166). Looping- oder Black-Hole-Rutsche gefällig? In den familienfreundlichen Bädern wird sogar Teenagern nicht langweilig. Und im Sommer gibt es überall Außenbecken. Pauschal-Arrangements werden vor allem außerhalb der slowenischen Ferienzeiten angeboten.

Spektakuläre, beinahe märchenhafte Unterwelt in der Postojnska jama

GASTFREUNDLICHE WIRTE

Überall gibt es Schnitzel, Würstchen, Pommes frites, Pizza und Pasta – aber auch knackiges Gemüse, Salat, Polenta und Suppen. Wer mit Kindern unterwegs ist, wird in einer »gostilna«, einem Wirtshaus, gut bedient und meist sind die Portionen so groß, dass jüngere Kinder einfach mitessen können. Hochstühle, Wickelräume und kinderfreundliche Gastwirte – kein Problem in Slowenien.

Leuchtende Augen

Postojnska jama: Mini-Drachen und Makkaroni begeistern den Nachwuchs

Die Elektrolok steht schon bereit: Vor ein halbes Dutzend offene Waggons gespannt, wartet sie geduldig, bis alle Passagiere auf den Sitzbänken Platz genommen haben. Dann ruckelt die Höhlenbahn los. Schon bald hallt ein schwärmerisches »Mama, schau doch mal!« durch das halbdunkle Erdreich. Vergleiche mit Freizeitparks werden gezogen: »Das ist echt viel besser hier!«. Fast 3 km lang führt der Weg durch die weltberühmte Tropfsteinhöhle Postojnska jama hindurch. Tief im Erdreich stoppt die Höhlenbahn: Zu Fuß geht es nun an stimmungsvoll beleuchteten Stalaktiten und Stalagmiten vorbei, die an versteinerte Zwerge, Zauberer oder Prinzessinnen erinnern – der eigenen Fantasie sind keine Grenzen gesetzt. Das fast 5 m hohe, aufgrund seiner hellweißen Farbe nur »Brilliant« genannte Tropfsteingebilde, entlockt nicht nur dem Nachwuchs ein staunendes »Ooh«. Dass der Pfad ohne Stolperfallen durch die weltberühmte Schauhöhle führt, macht den Besuch auch mit jüngeren Kindern möglich. Im unterirdischen Postamt wird noch staunend eine Postkarte an die Großeltern eingeworfen – unter der Erde. Wieder am Tageslicht, geht es ins Vivarium nebenan: Hier lebt der Grottenolm. Während man den scheuen Zeitgenossen in der Höhle selten zu Gesicht bekommt, kann man ihn hier beobachten: Ein lurchartiger, blinder »Mini-Drache«, der bis zu 100 Jahre alt wird und so genügsam ist, dass er gar mehrere Jahre ohne Nahrung auskommt – ganz ohne Schokolade und Gummibärchen. »Echt jetzt, Mama?«. »Ja, unbedingt!«

Braunbären fühlen sich in den dichten Wäldern Sloweniens pudelwohl

Die Bären sind los

Dichte Wälder, kaum Menschen: Die slowenischen Bergwälder, vor allem im Südosten, sind ein Paradies für Braunbären. Gut 900 Tiere stapfen dort durchs unwegsame Unterholz – über die Bären in freier Wildbahn freut sich jedoch nicht jeder.

Als Slowenien noch zu Jugoslawien gehörte, so eine Anekdote, hatten die Braunbären eigentlich nur einen natürlichen Feind: Tito. Der ehemalige Staatschef machte sich gern auf zur Bärenjagd und ließ sich mit seinen Trophäen ablichten. Auch wenn Tito längst verstorben ist, kommen die Braunbären in Slowenien nicht zur Ruhe: Mehr als 900 Tiere leben in freier Wildbahn, die Population hat sich in den vergangenen 20 Jahren verdoppelt. Zu viele Bären, sagt die Regierung und hält an jährlich neuen Abschussquoten fest. Das Argument der Politiker: Würden sich die Bären unkontrolliert vermehren, käme es zu mehr Konflikten zwischen Mensch und Tier. Solche Argumente treiben Tierschützer seit Jahren auf die Barrikaden: Ein Angriff von Bären kommt nämlich nur selten vor. Dennoch kann es passieren, dass Pilz- und Beerensammler plötzlich Meister Petz im dichten Unterholz begegnen. Stehe der Bär auf den Hinterbeinen, sei er neugierig, heißt es in einer Broschüre, die über das richtige Verhalten bei Bärenkontakt informiert.

MEIN REVIER, DEIN REVIER

Auf Druck der Tierschützer wurde die Bärenjagd zeitweilig gestoppt – doch nicht alle waren glücklich über diese Entscheidung: Vor allem Schafzüchter, aber auch Landwirte, sind nicht gut auf Bären zu sprechen. Die Tiere werden, vor allem nach dem Winterschlaf, immer wieder in der Nähe von Schafen gesehen. Der Hunger treibt die Bären auch in die Nähe von Menschen. Mögliche Gegenmaßnahmen sind Komposthaufen, an die der Bär nicht rankommt. Bienenstöcke werden durch Elektrozäune geschützt, und gut ausgebildete Schäferhunde sorgen dafür, dass die Schafe in bestimmten Bärenregionen in Ruhe weiden können.

Das Problem sei hausgemacht, so die Kritiker: Einige Schafzüchter hatten sich, infolge staatlicher Subventionen, in traditionellen Bärengebieten niedergelassen. Dazu zählt vor allem der Südosten, rund um den Hornwald Kočevje (Gottschee). Die Schafe würde man in solchen Gegenden wie auf dem »Silbertablett präsentieren«, so ein Argument der Tierschützer.

EIN NEUES ZUHAUSE IN FRANKREICH

Die Bären in Slowenien sind gut erforscht: Mit Hilfe von Sensoren beobachtet man ihre Wege, die – in Ausnahmefällen – schon mal nach Kroatien oder Kärnten führen können. Alternativen, um Meister Petz besser zu kontrollieren, zeigten allerdings nicht immer das gewünschte Ergebnis: So hatte man Bären-Weibchen mit chemischen Mitteln sterilisiert. Slowenien hatte auch begonnen, seine Braunbären auch in den französischen Pyrenäen auszuwildern: Etwa 50 Braunbären leben heute dort, nachdem die dortige Population fast ausgestorben war. Die französischen Landwirte waren davon ähnlich wenig begeistert wie ihre slowenischen Kollegen und blockierten kurzerhand die Zufahrtsstraßen – damit Meister Petz hier erst gar nicht ansässig wird.

Ein Veterinärmediziner untersucht ein Tier vor seiner Überführung in die neue Heimat

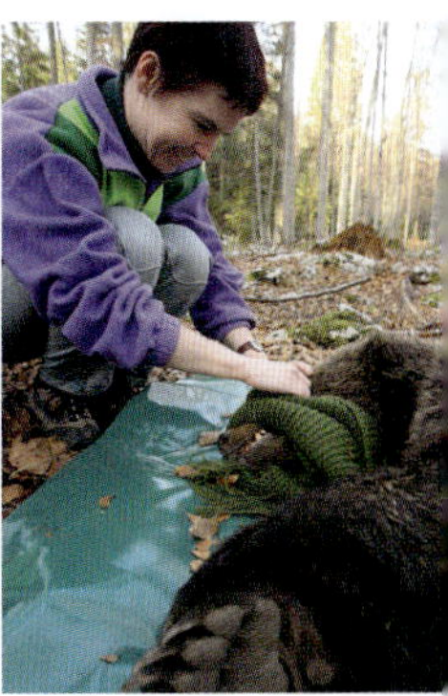

Bären in freier Wildbahn beobachten

Wer Sloweniens Bären gefahrenlos begegnen möchte, kann eine Beobachtungstour buchen: In kleinen Gruppen wird in Unterständen ausgeharrt, um dann das perfekte Foto zu machen – aus der Entfernung, die Mensch und Tier passt. Mehrere Veranstalter, z. B. Slovenianbears.com, bieten Wildlife-Fotografie an.

Laibach: totaler als der Totalitarismus

Wenn es eine Musikband in die internationalen Schlagzeilen schafft, dann ist es Laibach: Provokativ rütteln die Musiker schon seit vier Jahrzehnten die Gesellschaft auf und hinterfragen Regime und Strömungen – auch auf internationalem Parkett.

Marschierende Beine in schweren Schnürstiefeln, totalitäre Uniformen, knurrende Zitate auf Deutsch – vor einem ziemlich düsteren Bühnenbild. So tritt die slowenische Musikgruppe Laibach, nach dem deutschen Namen für Ljubljana benannt, bei ihren Konzerten auf. Mal wird eine monumentale Hymne zerlegt, dann werden Bach, Wagner und Marschmusik mit Industrial-Pop vermengt. Die Musik verschmilzt jedoch erst mit der opulenten Bühnenshow zu einem Gesamtkunstwerk, für das Laibach berühmt ist.

Provokativ und seit jeher missverstanden: Laibach im Jahr 1987

»RETRO-AVANTGARDE« LAUTET DAS MOTTO

Laibach ist nicht nur in Slowenien Kult, sondern in ganz Ex-Jugoslawien. Die Band gründete sich 1980, kurz nach Titos Tod, im slowenischen Bergarbeiterstädtchen Trbovlje. Schon die ersten Konzertplakate waren den sozialistischen Machthabern ein Dorn im Auge: Nicht nur der deutsche Name Laibach, der im Sozialismus verpönt war, sorgte für Aufregung, sondern auch ein Kreuz auf den Plakaten. Dieses war jedoch kein christliches Symbol, sondern vom russischen Avantgardisten Kasimir Malewitsch entlehnt.

Das Plakat macht Laibachs künstlerische Konzept der »Retro-Avantgarde« deutlich: Während sich die Avantgarde neuer Kunstformen bediente, setzte man sich mit Bestehendem auseinander – meist recht provokativ. So wurden etwa ideologische Symbole wie das Hakenkreuz mit Hammer und Sichel verfremdet. Dass es dabei nicht um die Verherrlichung von Ideologien geht, wurde immer wieder betont. Im Gegenteil, vielmehr unterstrich die Band, dass man »totaler als der Totalitarismus« sei und ihn dadurch hinterfrage. »Kunst über alles«, so das konzeptuelle Motto der Band. Dabei bleibt eine politische Parodie, mehr oder weniger subtil, nicht aus.

Bühnenauftritt von Laibach im April 2014

40 Jahre auf der Bühne

Und heute? Laibach schart immer noch eine große internationale Fangemeinde um sich, bringt neue Alben heraus und ist auch mal in Berlin, Bochum oder Belgrad bei einem Livekonzert zu hören. Songs zum Einstimmen und die aktuellen Tournee-Daten gibt es online unter www.laibach.org. Ausstellungen des Malerkollektivs Irwin finden sich bis heute in vielen Sammlungen zeitgenössischer Kunst. Auch Einzelausstellungen. www.irwin-nsk.org

Performance im Bergarbeiterstädtchen Trbovlje – dem Ort, an dem sich Laibach 1980 gegründet hatte

IN JUGOSLAWIEN JAHRELANG VERBOTEN

Das Fass zum Überlaufen brachte 1983 ein Konzert in der kroatischen Hauptstadt Zagreb: Als ein pornografischer Film über Titos Abbild projiziert wurde, reichte es den Machthabern endgültig. Ein Phallus über dem Ex-Staatschef! Das sorgte dafür, dass der Konzertsaal kurzerhand geräumt, die Band in Jugoslawien verboten und ein bereits vereinbarter Schallplattenvertrag gelöst wurden. Die Bandmitglieder zogen sich zunächst ins Kloster Pleterje zurück und stellten ihr Schaffen anschließend auf eine breitere Basis: Gemeinsam mit Kreativschaffenden gründete man das Kunstkollektiv, »Neue Slowenische Kunst« (NSK, siehe Kasten). Die erste Schallplatte nahm Laibach in Großbritannien, auf. Eine Tournee führte die Musiker nach Amerika, aber auch nach Deutschland: Dort traten sie mit Jagdhörnern auf und sägten Holz auf der Bühne. Ein anderes Mal, Jahre später, spielten die Bandmitglieder ganz entschleunigt Schach auf der Bühne, während Computermusik die Fans im Publikum unterhielt.

NORDKOREA LÄSST GRÜSSEN

Das aufsehenerregendste Konzert der Bandgeschichte fand 2015 statt – in Pjöngjang. Was Fans und Medien zunächst für einen Scherz hielten, entpuppte sich jedoch nicht als Zeitungsente: Als erste westliche Band ihrer Art trat Laibach in Nordkorea auf. Freilich, die 1500 Gäste waren handverlesen, die Playlist ebenfalls. Ob man ihre Musik und Provokationen nun mag oder nicht: Laibach gehört sicherlich zu den größten künstlerischen Errungenschaften Sloweniens.

Das Kunstkollektiv »Neue Slowenische Kunst« (NSK)

Die Auftritte der Musikband Laibach inspirierten auch andere Kreative. 1984, vier Jahre nach ihrer Gründung schlossen sich die Musiker mit anderen zusammen und gründeten das interdisziplinäre Kunstkollektiv »Neue Slowenische Kunst« (NSK), das auch auf Slowenisch seinen deutschen Namen trägt: Die Malergruppe Iwin, die Theatergruppe Scipion Našice (später: Noordung) und die Grafiker von Neuer Kollektivismus Studios. NSK war strikt, fast totalitär gegliedert und irgendwo zwischen Kunst und Ideologie angesiedelt. Eines vereinte jedoch alle Beteiligten: Sie schöpften ihre künstlerischen Impulse aus dem Konzept der »Retro-Avantgarde« von Laibach. Ihr Schaffen sahen die NSK-Mitglieder stets als Gemeinschaftsprojekt: Der Kollektivismus stand über dem Zusammenschluss von Individuen. Daher prangte auch nicht der Name eines Urhebers auf einem Kunstwerk von Irwin, sondern nur der Kollektivname. Gemeinsam wurden Plakate für die Auftritte von Laibach geschaffen, Musikvideos oder Kunst-Installationen für Ausstellungen. So arbeitete auch Irwin mit dem Montageverfahren der Retro-Avantgarde, bei dem Kunst und totalitäre Motive miteinander verschmelzen – und dadurch eine neue Komponente bekommen.

Mit der Auflösung der Sowjetunion und dem Zerfall Jugoslawiens wandelte sich das Weltbild von NSK: Die Homogenität sei nicht mehr vorhanden, daher habe man sich zu neuen Wegen entschlossen, verkündete das Künstlerkollektiv: Ein »NSK-Staat« wurde gegründet. Dieser beruhte auf dem Prinzip eines ideellen Raumes, ohne eigenes Staatsgebiet. Ein eigener »NSK-Diplomatenpass« wurde ausgegeben, mit dem wohl nicht wenige Menschen 1992 die belagerte Stadt Sarajevo tatsächlich verlassen haben. Da Bosnien und Herzegowina erst in jenem Jahr die Unabhängigkeit von Jugoslawien erklärt hatte, hatten die Bürger noch keine gültigen Reisepässe. Die NSK-Pässe wurden in einer Druckerei in Celje hergestellt, wo auch die »echten« Reisepässe gedruckt werden – und sahen daher sehr authentisch aus. Website zum NSK-Staat: www.passport.nsk.si.

Laibach: eigentlich keine Band, sondern ein Kollektiv – hier durch Statuen repräsentiert

Kunst in Militär- und Industriegebäuden

Wo früher Zwieback für die Armee gebacken wurde oder Soldaten in engen Zellen einsaßen, trifft sich heute Sloweniens alternative Kulturszene. Stillgelegte Fabriken bieten Start-ups, Künstlern und Kreativen reichlich Raum für neue Ideen.

Grafittibesprühte Mauern säumen die alten Baracken, vor denen mal ein Totenkopf, mal eine Fahrrad-Kunstinstallation hängt: So begrüßt Metelkova mesto, Sloweniens größtes alternatives Kulturareal, seine Besucher. Nur wenige Minuten von den herausgeputzten Jugendstil-Fassaden im Zentrum von Ljubljana, taucht man hier in eine ganz andere Welt ein. Tagsüber verirrt sich kaum jemand hierher. Abends gehört Metelkova, wie das Areal nur genannt wird, jedoch den Künstlern, Studenten und Alternativen der Stadt. Das Bier ist billig, niemand fragt, wo man herkommt oder wie man aussieht. In den Baracken spielt die Musik: Hier ein DJ, dort eine Indie-Band oder eine Performance. Gefällt nicht? Dann geht es weiter in den nächsten Musikklub auf dem weitläufigen Areal. Backpacker, die hierherkommen, übernachten ganz in der Nähe, in Sloweniens wohl

Bunte Graffiti, wohin man blickt: Ljubljanas Kulturzentrum Metelkova

Abends geht in den alten Armeebaracken von Metelkova mesto der Beat ab

berühmtestem Hostel, Celica, in aufgehübschten Gefängniszellen (siehe »Das besondere Hotel«, S. 83).

BESETZTES AREAL

Neu sind die Baracken nicht: Sie wurden zunächst vom österreichisch-ungarischen Heer, später von der Jugoslawischen Volksarmee (JNA) genutzt. Im noch jungen Slowenien besetzten 1993 rund 200 Künstler und Freiwillige das Areal. Sie hatten zuvor versucht, die Stadtverwaltung dazu zu bewegen, ihnen das brachliegende Gelände zur Verfügung zu stellen – jedoch ohne Erfolg. Die Stadtverwaltung blieb skeptisch, erkannte jedoch die Einzigartigkeit dieses Raums. Dennoch entbrennen immer wieder Diskussionen darüber, ob man Metelkova mesto kommerzialisieren und Steuer von den Künstlern verlangen sollte. Obwohl Metelkova mesto autonom ist, gibt es Strukturen: Die Kreativen treffen sich regelmäßig, um über Entwicklungen zu sprechen. Vor wenigen Jahren hat die Regierung das südliche angrenzende Areal zu einem modernen Platz mit drei bemerkenswerten Museen umgebaut, auf dem am Nachmittag Skater ihre Runden drehen.

KUNST IM WASCHHAUS DER TABAKARBEITER

Jazz steht in der ehemaligen Tabakfabrik von Ljubljana im Fokus. Die Tobačna, westlich der Innenstadt, umfasst mehrere hohe sanierte Ziegelstein-Gebäude, in denen Start-ups und andere Unternehmen Ideen schmieden. Ein kleines Museum erinnert daran, dass

Ausstellung von Natasa Ribic Stefanec in der Alkatraz Gallery im Kulturzentrum Metelkova

hier früher Zigaretten produziert wurden: Es befindet sich im ehemaligen Waschraum für die Arbeiter, später war hier das Werksarchiv untergebracht. Im Sommer trifft man auf einen Kaffee oder abends zu Konzerten in der Kneipe ČinČin. Auch Pop-up-Stores slowenischer Designer fanden in der Ex-Tabakfabrik schon einen neuen Raum.

TANZPERFORMANCES IM ALTEN E-WERK

Rote Ziegelklinker mit hohen Fenstern prägen auch das alte E-Werk in Ljubljana, Stara Elektrarna, so die wörtliche Übersetzung. Ab 1898, als Ljubljana an die elektrische Stromversorgung angeschlossen wurde, produziert man hier Strom: Dieser wurde hauptsächlich für die öffentliche Beleuchtung der Stadt genutzt. Nach dem Zweiten Weltkrieg galt die Anlage als veraltet und wurde in den 1960er Jahren modernisiert, im neuen Jahrtausend abermals. Künstler entdeckten das E-Werk bereits Mitte der 1980er Jahre für sich, heute ist eine NGO für das künstlerische Programm zuständig: Konzerte, zeitgenössisches Theater, Multimedia-Events und Tanz-Performances finden hier statt.

EINE FAHRRADFABRIK ALS KULTURTREFF

In der alten Fahrradfabrik Tovarna Rog wurden nach dem Zweiten Weltkrieg die jugoslawischen Kult-Fahrräder »Pony« produziert. Das leerstehende Gebäude wurde 2006 besetzt und zu einem alternativen Kulturzentrum umfunktioniert, das die Stadt allerdings 2021 auflöste. Das ehemalige Kino Šiška ist ein weiterer Treffpunkt für urbane Kultur, wo man in bequemen Ledersesseln herumlümmeln und Konzerte erleben kann.

ABTANZEN IN DER MILITÄRBÄCKEREI

Auch die zweitgrößte Stadt, Maribor, hat ein autonomes Zentrum: Pekarna (»Bäckerei«) ist das größte alternative Kulturzentrum im Nordosten Sloweniens, in einer ehemaligen Militärbäckerei untergebracht, mit

Eine Kaserne als Museum

In Pivka, im Südosten Sloweniens, wurden ehemalige Kasernen ebenfalls umfunktioniert: Auf einem weitläufigen Areal finden sich nun ausrangierte Panzerwagen, Artillerie und Flugzeuge im »Park der Militärgeschichte«. Sogar in ein jugoslawisches U-Boot darf man hinabsteigen. Im ehemaligen Kommandogebäude, der Komanda, ist heute das Restaurant Kantina untergebracht – mit Rezepten der Militärküche. Wer mag, bestellt dort Militär-Bohneneintopf mit Würstchen (»pasulj«), angelehnt an das Armee-Essen.

8400 m². Im späten 19. Jh. wurde das Areal von der österreichisch-ungarischen Armee als Zwiebackbäckerei genutzt. 1994 besetzten alternative Musikgruppen die Pekarna, heute sind hier etwa 40 Organisationen zu Hause, etwa Clubs, Fotografen, Videokünstler, aber auch Übungsräume und ein Hostel. 2001 übernahm die Stadt das Gebäude, nun ist eine Sanierung geplant – die allerdings sehr viel Geld kosten würde.

Ein Jagdpanzer M36 Jackson – zu sehen im »Park der Militärgeschichte« in Pivka

Am Martinsfest wird Most zu Wein

Slowenien hat vorzügliche Weine. Doch in einer Flasche steckt eine Menge Arbeit. Der Fleiß der Winzer wird mit fröhlichen Weinfesten belohnt. Bei Musik und Tanz hat Sankt Martin seinen großen Auftritt – und alle feiern gesellig mit.

Bunte Papierlaternen, die durch die Straßen schaukeln? Das ist vermutlich das Erste, woran man am Sankt-Martins-Tag denkt. In Slowenien ist es hingegen der Wein: Traminer, Šipon (Furmint), Welschriesling, Riesling und Co. reihen sich auf der großen Bühne, mitten im Zentrum von Maribor, nebeneinander. Dann betritt Sankt Martin, mit Bischofsmütze und dichtem Bart, den Schauplatz. Er spricht seinen Segen aus und verwandelt dadurch den im Herbst gekelterten Jungwein oder Most in »echten« Wein. Traditionell geschieht das in Slowenien, vor allem in den Weinanbaugebieten, am 11. November.

MARIBOR: SANKT MARTINS GRÖSSTE BÜHNE

In Maribor findet die größte Feier des Landes statt, um 11.11 Uhr fällt der Startschuss: Winzer in blauen Arbeitsschürzen singen zu steirischer Akkordeonmusik, Tanzmariechen begleiten die Weinkönigin auf ihrem Zug durch die Straßen und an den zahlreichen Weinständen wird gerne »Li-li« bestellt: Ein Liter Mineralwasser, dazu ein Liter Weißwein – der in der Štajerska vorherrscht. Wer im doch recht frischen November kein Schorle mag,

Beim Martinsfest fließt der junge Wein in Strömen

wärmt sich die Finger einfach an einem Glühwein. Bis zu 20 000 Besucher lockt das Martinifest in Maribor an. Es ist nicht nur das größte Fest im Herbst, mit dem die Winzer traditionell ihre getane Arbeit feiern, sondern schließt zugleich das Festival der Alten Rebe ab: Diese Feier wird nach der Lese der weltältesten Weinrebe, die seit rund 450 Jahren am Drava-Ufer wächst, zwei Wochen lang gefeiert – mit Essen, Musik und natürlich Rebensaft. In den Restaurants wird in dieser Zeit klassisch Martinsgans serviert, die auch mal als Ente auf den Tisch kommt. Dazu passen »mlinci«, gekochte Teigplinsen, und gedünstetes Rotkraut. Fast jede Weinregion feiert die Segnung des jungen Weins: In Ormož zieht sich die Feier im Festzelt gar mehrere Tage hin, in Ljubljana wird eine »Weinstraße« aufgebaut und auch im Karst, wo sich das Weinanbaugebiet Primorska erstreckt, öffnen die Winzer ihre Türen.

Ein Tänzchen zu Ehren des hl. Martin im Stadtzentrum von Maribor

JEDER SIEBTE SLOWENE BAUT WEIN AN

Der Legende zufolge verwandelte Sankt Martin, im 4. Jh. der dritte Bischof von Tours, Wasser in Wein – daran knüpft man in den slowenischen Weinregionen seit Jahrhunderten traditionell an. Fast jeder siebte Slowene baut Wein an und in populären Telenovelas stehen Weindynastien im Mittelpunkt.

Buschenschänken zur Martinizeit

Folgen Sie den Efeubüscheln in der Martinizeit! Diese weisen in der Weinbauregion Primorska den Weg zu den traditionellen »osmice«, wie die Buschenschänke hier genannt werden. Winzer tischen dort nicht nur ihren Wein auf, sondern auch hausgemachte Spezialitäten wie Schlachtplatten (»koline«). Martinifeste finden z. B. in Maribor, Ljubljana, Ormož und in vielen Weindörfern statt.

Auf dem Fürstenstein in Karnburg fand die Inthronisierung des Fürsten von Karantanien statt

Kleines Volk, große Geschichte

Viele fremde Herrscher regierten die Slowenen in der Vergangenheit. Dennoch gelang es dem kleinen Volk, Sprache und Brauchtümer bis heute zu erhalten, einen eigenen Staat zu gründen und sich einen festen Platz in der Europäischen Gemeinschaft zu sichern.

MYTHOS KARANTANIEN

Der »Fürstenstein«, ein umgedrehter römischer Säulenstumpf, ist für die Slowenen und die Österreicher bedeutsam: Sein Abbild findet sich auf der slowenischen Zwei-Cent-Münze, das Original hingegen in Klagenfurt. Der Stein symbolisiert das untergegangene Fürstentum Karantanien (Karantanija), dessen Zentrum nördlich von Klagenfurt lag. Karantanien, so der slowenische Mythos, gilt als erster dauerhafter slawischer Staatsverband. Es wurde ab Mitte des 7. Jh. von einem Fürsten regiert, der den Thron erst nach einem ungewöhnlichen Ritual besteigen durfte, obwohl er seinen Titel eigentlich erbte: Dazu wurde er von einem Bauern auf dem Zollfeld, nördlich von Klagenfurt, »geprüft«. Er musste einen Schwur leisten, dass er den Willen und die Rechte des Volkes respektieren und verteidigen werde. Erst dann gab der Bauer den Fürstenstein für den Herrscher frei und bekam im Gegenzug ein Pferd oder einen Stier geschenkt. Das bäuerlich-demokratische Ritual fand in slawischer Sprache – die der Bauern, nicht der Herrscher – statt. Nach gut einem Jahrhundert geriet Karantanien unter bayerischen Einfluss und ging schließlich im Frankenreich auf. Das Ritual hingegen wurde erst 1414 durch die Habsburger abgeschafft.

Die Freisinger Denkmäler
Die Texte aus dem 10. Jh. gelten als älteste slawische Handschriften in Lateinschrift. Das Bistum Freising nutzte sie zur Missionierung der Slowenen.

DIE HABSBURGER HERRSCHAFT

Barocke Kirchen, Jugendstil-Fassaden und Kaffeehäuser, in denen üppige »kremšnita« serviert wird: So präsentiert sich Ljubljana mit seinem unübersehbaren K.u.k.-Erbe. Mehr als 600 Jahre gehörten die Slowenen zum Habsburgerreich, mit Wien als Machtzentrum und mitteleuropäisch geprägtem Lebensgefühl. Nur an der Küste herrschte die Serenissima, an die bis heute venezianisch-gotische Fassaden erinnern. Der äußerste Osten hingegen blieb bis vor gut einem Jahrhundert unter ungarischer Herrschaft. Nur die Grafen von Cilli, dem heutigen Celje, konnten ihre Unabhängigkeit wahren: Sie waren dem Kaiser direkt unterstellt, ehe sie 1456 in männlicher Linie ausstarben und ihre Besitzungen an die Habsburger übergingen. Das heutige Slowenien gab es nicht, sondern viele Regionen, in denen die Menschen zwar Slowenisch sprachen – die sonst aber wenig miteinander verband: Dazu gehört etwa das Herzogtum Krain mit Laibach (Ljubljana), die Untersteiermark mit Marburg (Maribor) und andere Regionen, die sich nach dem Zerfall des Habsburgerreichs zu einem geeinten Slowenien formierten. Die lange Herrschaft der Habsburger, die bis 1918 dauerte, wurde übrigens nur durch ein politisches Intermezzo von Napoleon unterbrochen: Dieser gründete von 1809–1813 die »Illyrischen Provinzen«, wertete das Slowenische als Amtssprache auf und reformierte das Steuerwesen – doch nach vier Jahren übernahmen die Habsburger erneut, einschließlich der Gebiete der Serenissima. Nationale Ideen kommen auf, alle Slowenen innerhalb Österreichs, zu vereinen. France Prešeren verhalf der einheitlichen slowenischen Schriftsprache zum Durchbruch – was die Einheit stärkte.

Napoleons Erbe
Vor dem Sommertheater Križanke in Ljubljana steht seit 1929 ein Obelisk, der Napoleon ehrt. Der Kaiser hatte den Slowenen wichtige Reformen gebracht.

Die Südbahn
Von Wien aus erreicht die Eisenbahn 1846 Cilli/Celje, drei Jahre später Laibach/Ljubljana und 1857 Triest – was der Region einen wirtschaftlichen Aufschwung bescherte.

Fertigstellung des Bauabschnitts der Südbahn von Laibach nach Triest zwischen Innergorizza und Trauerberg 1857

JUGOSLAWISCHE ÄRA

Als der Erste Weltkrieg 1918 vorüber war, wurde das Habsburgerreich aufgeteilt: Triest kam zu Italien, der blühende Adriahafen war nun von Österreich abgeschnitten. Dazwischen erstrecken sich die slowenischen Gebiete, die dem Königreich der Serben, Kroaten und Slowenen (SHS-Staat) einverleibt wurden, der ab 1929 Königreich Jugoslawien hieß. Im Zweiten Weltkrieg teilten Deutschland, Italien und Ungarn Slowenien unter sich auf, auch der Unabhängige Staat Kroatien bekam einen winzigen Anteil. Gut 80 000 Slowenen wurden von den Nazis umgesiedelt. Die Partisanen leisteten Widerstand, angeführt von Josip Broz, genannt Tito. Dieser rief nach Kriegsende den sozialistischen Vielvölkerstaat Jugoslawien aus. Slowenien wurde Teilrepublik, dort wurde, neben dem Serbokroatischen Slowenisch Amtssprache. Tito gründete die Blockfreien Staaten und wandte sich von Stalin und der Sowjetunion ab, dem Westen zu. Zu dieser Zeit wuchs der Wohlstand in Jugoslawien: Die Industrialisierung wurde vorangetrieben, flächendeckend wurden Fabriken gebaut, die nicht nur den Slowenen viele Arbeitsplätze sicherten. Gastarbeiter aus den ärmeren Republiken zogen in den Norden: Es gab feste Arbeitsplätze, subventionierte Wohnungen und offene Grenzen – was Jugoslawien von anderen sozialistischen Ländern unterschied.

Titos Tod
Tito starb 1980 in einer Klinik in Ljubljana. Als sein Leichnam im legendären »Blauen Zug« nach Belgrad rollte, säumten Zehntausende aufrichtig betroffene Menschen die Bahngleise.

DER ZERFALL JUGOSLAWIENS

Als Tito 1980 starb, war schon bald klar, dass Jugoslawien zerbrechen würde: Die Unzufriedenheit in Slowenien, das mit Kroatien zu den reichsten Teilrepubliken Jugoslawiens gehörte, wuchs. Der reiche Norden finanzierte den ärmeren Süden des Landes mit, Machtpositionen wurden hingegen oft mit Serben besetzt. Die Kritik wuchs. 1987 forderte eine Gruppe slowenischer Intellektueller die Loslösung von Jugoslawien, zwei Jahre später wurden Oppositionsparteien zugelassen. 1990 fanden die ersten freien Wahlen statt, am 25. Juni wurde die Unabhängigkeit Sloweniens ausgerufen. Doch schon am nächsten Tag tauchten Panzer der Jugoslawischen Volksarmee (JNA) auf. Zehn Tage dauerten die Gefechte in Slowenien, mit internationaler Vermittlung wurde

Männer der slowenischen Miliz hissen im Juni 1991 an der österreichisch-slowenischen Grenzstation am Seebergsattel die slowenische Fahne

Slowenien wurde 2004 als erstes Land des ehemaligen Jugoslawien in die EU aufgenommen

am 7. Juli 1990 ein Waffenstillstand beschlossen. Slowenien und Kroatien bekamen ein dreimonatiges Moratorium. Daraufhin zog die JNA Soldaten aus Slowenien ab, noch im selben Jahr, im Dezember 1991, bekam Slowenien eine neue Verfassung und eine eigene Währung, den Tolar. Deutschland, Österreich und der Vatikan waren die ersten, die Slowenien als Unabhängige Republik anerkannten. Slowenien galt als »Musterschüler«, wurde 2004 Mitglied der Europäischen Union und Nato, zudem wurde drei Jahre später der Euro als Währung eingeführt und Slowenien wurde Schengen-Staat.

Klare Mehrheit
88,5 % der Slowenen stimmten 1990 für die Unabhängigkeit vom sozialistischen Jugoslawien. Für den EU-Beitritt votierten 2003 gar 89,6 % mit einem »Ja«.

Am Puls der Zeit

Bert ist grau, aus altem Plastik hergestellt und nimmt eine Ecke im »Zentrum für Wiederverwertung« in Ljubljana ein. Drückt man auf einen seiner blank polierten Knöpfe, blubbert Kürbiskernöl, Essig oder Shampoo aus der entsprechenden Zapfsäule – in Flaschen, die man das nächste Mal einfach wieder mitbringt. Bert ist ein Unverpackt-Automat, der Abfall reduzieren soll. Und darauf legt man in Slowenien großen Wert: Ljubljana will in absehbarer Zeit eine »Zero-waste-Stadt« werden. Mülltrennung wird seit Jahren gelebt, Plastik, Papier und Glas landen in eigenen Abfalleimern. Bewohner der Innenstadt haben eine Chipcard, um ihren Restmüll zu entsorgen – die Menge ist begrenzt. Daher wird in Ljubljana schon zwei Drittel des Stadtmülls recycelt, mit 121 kg Restmüll pro Kopf liegt man unter der Hälfte des EU-Durchschnitts. Die Bemühungen um mehr Nachhaltigkeit brachten Ljubljana 2016 den Titel »Grüne Hauptstadt Europas« ein: Autos wurden aus der Innenstadt weitgehend verbannt, der kostenlose Fahrradverleih ebenso attraktiv wie Refill-Stationen für Trinkwasser. Die Stadtreinigung hält die Straßen mit Elektromobilen, Regenwasser und Bio-Putzmitteln sauber. Mit großen und kleinen Projekten bemüht man sich, um die 100 Kriterien zu erfüllen, die an eine »Green Destination« gestellt werden und die Slowenien fast alle erreicht hat. Nachhaltigkeit ist angesagt, auch innerhalb Sloweniens wird ein Öko-Siegel verliehen: »Slovenia Green«, nach einem strengen Zertifizierungsschema: Reiseziele, Tourismusanbieter oder Naturparks – mitmachen kann jeder touristische Anbieter.

Die heute recht idyllisch wirkende Landschaft des Soča-Tals war vor gut 100 Jahren ein erbittertes Schlachtfeld

Der Weg des Friedens an der Isonzo-Front

Sattgrüne Wiesen, schroffe Berggipfel und schmale Täler: Der Westen Sloweniens, rund um Kobarid und das Soča-Tal, wirkt so wunderbar malerisch. Kaum vorstellbar, dass inmitten dieser Idylle im Ersten Weltkrieg grausam gekämpft wurde.

Der Fluss Soča lässt niemanden kalt: Smaragdgrün schlängelt er sich durch felsige Täler, an Bergriesen vorbei. Wohnmobile aus ganz Europa stoppen hier, Outdoor-Fans driften in Kajaks den Fluss entlang. Eine schmale Nebenstraße führt hinauf auf den Kolovrat-Bergkamm, wo sich ein Freilichtmuseum des Ersten Weltkriegs erstreckt: Mit seinen Schützengräben und Kanonenstellungen, die den Berg durchziehen, gehört es zum »Weg des Friedens« (»Pot miru«). Dieser Fernwanderweg zieht sich von den Alpen an die Adria und verbindet Kriegsschauplätze miteinander: Hier, mitten im Gebirge, zog sich die 90 km lange Front an der Soča entlang, die die Italiener Isonzo nennen. Ein unfassbar grausamer Stellungskrieg, mitten in unberührter Natur.

ZU FUSS, MIT DEM RAD ODER AUTO

In Jugoslawien sprach man nicht gerne darüber, dass hier im Ersten Weltkrieg mehr als 300 000 Soldaten ihr Leben verloren und doppelt so viele verwundet wurden. Die Schützengräben und Kavernen entlang der Isonzo-Front gerieten langsam in Vergessenheit. Erst im neuen Slowenien, als Freiwillige das Kriegsmuseum in Kobarid gründeten, kam die Idee auf, einen »Weg des Friedens« ins Leben zu rufen – grenzüberschreitend. Die Route, die sich etappenweise zu Fuß, besser mit dem Fahrrad oder Auto zurücklegen lässt, beginnt im Nordwesten Sloweniens: Von Log pod Mangartom mit einem der größten Soldatenfriedhöfe geht es an der Festung Kluže (S. 100) vorbei, die ein Tunnel mit dem Fort Hermann oberhalb verbindet. Von hier aus überwachte die K.u.k.-Armee den Predil-Pass, der nach Italien führt. Weiter südlich, in Kobarid, gelangt man zum Beinhaus, Kriegsmuseum und dem Informationszentrum des »Pot miru«, das Karten und Broschüren bereithält.

EIN MOSAIK VON KRIEGSSCHAUPLÄTZEN

Die Schauplätze der Kriegsgeschichte sind vielfältig: Die Heilig-Geist-Gedenkkirche bei Javorca (www.javorca.info), nördlich von Tolmin, erinnert an ein Postkartenmotiv. Im Beinhaus, ebenfalls in der Nähe von Tolmin, ruhen die Gebeine von 1000 deutschen Soldaten. In Miren, nahe der italienischen Grenze, gibt es ein kleines Museum. In der 150 m langen Pečinka-Höhle schliefen Armeeangehörige in Etagenbetten. Immer wieder stößt man auf Kavernen, Schützengräben und Soldatenfriedhöfe. Der größte, Gorjansko, mit 6000 Toten erstreckt sich im südlichen Karst, unweit der italienischen Grenze. Dort geht er nach Italien über, über Duino an der Adriaküste bis nach Triest. Die Stadt mit ihrer südlichen Espressokultur und den K.u.k.-Stuckfassaden spiegelt die Geschichte wie keine andere wider und ist österreichisch-italienisch geprägt.

Die Heilig-Geist-Kirche in Javorca gedenkt der gefallenen Soldaten der österreichisch-ungarischen Armee an der Soča

Individuell oder mit Führung?

Geführte Routen sind in den Freilichtmuseen Kolovrat und Ravelnik (Juli/Aug.) sowie Sabotin möglich. Das Informationszentrum in Kobarid vermittelt ebenfalls Führungen und hält Tipps bereit. Entlang der Strecke gibt es zahlreiche Unterkünfte und Gasthäuser. Viele Orte sind mit dem Auto erreichbar (Plan und Infos unter www.potmiru.si).

Mit dem Pletna-Boot auf die Bleder Insel

Der Bleder See lockt seit Jahrhunderten Gäste zur Sommerfrische. Die traditionellen Holzruderboote, Pletna genannt, gehören so fest zum Ortsbild, dass es heißt, man sei überhaupt nicht in Bled gewesen, wenn man nicht mit einer Pletna gefahren sei.

Sie sind rot, blau oder gestreift: Die Sonnensegel der hölzernen Pletna-Boote, die am Ufer des Bleder Sees ankern. Über ein Holzgestell gespannt, schützen sie vor Sonne und Regen. Ein Gast nach dem anderen klettert ins Boot, 20 passen hinein. Dann legt der Fährmann, »pletnar« genannt, ab: Er taucht die beiden Holzpaddel ins Wasser und zieht sie mit gleichmäßigen Ruderzügen wieder heraus. Was so entspannt wirkt, ist jedoch harte Arbeit: Um die spezielle Technik des Stehruderns zu erlernen, braucht man mehrere Jahre. Das hänge mit den unterschiedlichen Wetter-, aber auch Wasserbedingungen im See zusammen, so die Pletnari.

Die Pletna-Boote haben nur ein Ziel: die malerische Kircheninsel von Bled

DIE LIZENZ KANN NUR VERERBT WERDEN

Stehrudern im Bleder See darf nicht jeder. Dazu braucht man eine spezielle Lizenz: Nur Familien aus dem heutigen Ortsteil von Bled, Mlino, direkt am See, erhielten ursprünglich das Privileg, Pilger zur Kircheninsel zu befördern – und das schon seit dem Jahr 1590. Die Lizenz, die nicht gekauft werden kann, wird von Generation zu Generation weitervererbt – allerdings nur an die Söhne der Familie. Gibt es in der Verwandtschaftsfolge nur Töchter, darf jedoch auch der Schwiegersohn als Pletnar tätig werden.

Früher nutzten vor allem Pilger die Pletna, heute gehören Touristen zu den Stammgästen

Zwei Dutzend Pletna-Boote gibt es, alle Fährfamilien verlangen Einheitspreise. Im Sommer sind die Pletnari von morgens bis abends unterwegs – und alle haben das gleiche Ziel: Die Marieninsel, mitten im See. Dort angekommen, ankert das Boot unterhalb der Freitreppe, die mit 99 Stufen zur Mariä-Himmelfahrts-Kirche hinaufführt. Wer will, läutet dreimal am Glockenstrang und hofft – mithilfe Mariens Beistand –, dass sein Wunsch in Erfüllung geht. Ein Bummel über die Insel, übrigens die einzig »richtige« in ganz Slowenien, vielleicht noch ein Espresso im Inselcafé – dann geht es wieder ans Festland zurück.

FLACHER BODEN, SPITZER BUG

Von oben sieht man die Bauweise der rund 7 m langen Boote besonders gut: Am Bug schließen sie spitz ab, der Boden ist flach. Daher stammt ihr Name vermutlich von der deutschen Bezeichnung »Plätte«, einer Art »Plattboot«. Muss die Pletna mal repariert oder ausgetauscht werden, gibt es eine eigene Werkstatt, die sich darauf spezialisiert hat – und die Tradition weiter pflegt.

Anlegestellen der Pletna-Boote befinden sich im Kurpark (Zdraviliški park), unterhalb des Hotel Park, in der Bucht von Mlino und im Ruderzentrum. www.bled.si, 17 €/Person

---

Durch den Nationalpark Triglav und das Soča-Tal

Schroffe Berghänge, spitze Alpengipfel und die smaragdgrüne Soča: Wer den gewundenen Bergstraßen durch Sloweniens Nordwesten folgt, erlebt einen abwechslungsreichen Tagesausflug. Die Tour führt ab Bled durch den Nationalpark Triglav und das Soča-Tal in weitem Bogen wieder zurück in den traditionsreichen Kurort.

Die Tour auf einen Blick:

Start und Ziel: Bled
Gesamtlänge: ca. 200 km
Reine Fahrzeit: 4,5 Std. (Tagestour)
Orte entlang der Route: Jezero Jasna – Vršič-Pass – Trenta – Tvrdnjava Kluže – Bovec – Kobarid – Tolmin – Most na Soči – Podbrdo – Bohinjska Bistrica

Tanken
In Kranjska Gora lohnt es sich noch einmal zu tanken, ehe man den Vršič-Pass überquert – die nächste Tankstelle ist erst in Bovec.

E1 VON BLED ZUM JASNA-SEE
(41 km/45 Min.)

Quer durch die Alpenlandschaft geht es zum Jasna-See bei Kranjska Gora und einen Espresso am Ufer

Prall gefüllt wartet die Provianttasche auf der Rückbank, dann springt auch schon der Motor an. Wir sind spät dran, es ist schon fast zehn Uhr. Zugegeben, die ersten Kilometer der Traumstraße ab Bled sind nicht gerade das, was man unter einem entschleunigten Road-Trip versteht – sondern verlaufen auf der Autobahn (E 65). Doch nicht lange, denn schon nach einer Viertelstunde tauchen die hohen Industrieschlote von Jesenice auf: Nun heißt es, nicht etwa der Trasse in Richtung Karawankentunnel und Österreich zu folgen, sondern runter von der Autobahn, in Richtung Kranjska Gora. Entlang der B201, die parallel zur Save verläuft, geht es dann ganz gemütlich an sattgrünen Wiesen vorbei. Heuharfen und malerische Alpenkulisse säumen die gut ausgebaute Landstraße. Die Trasse führt am Skiort Kranjska Gora vorbei,

Kristallklar und kühl: der Jasna-See bei Kranjska Gora

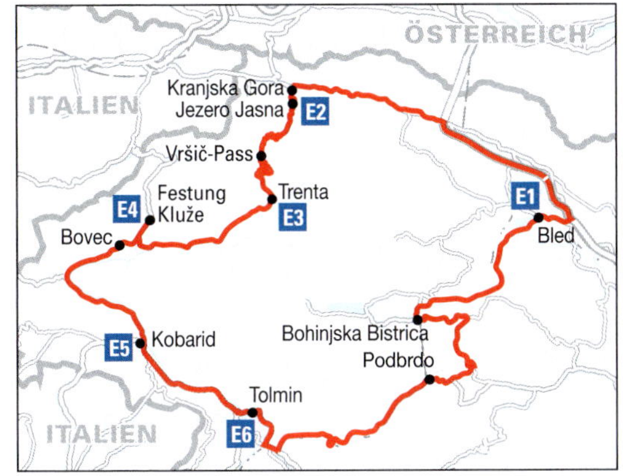

ADAC Traumstraße: Etappen 1 bis 6 (Detailplan siehe Rückseite Faltkarte)

nicht direkt durchs Zentrum. Wenige Minuten vom Ortsrand entfernt, in Richtung Vršič-Pass, begrüßt uns der glasklare Jasna-See (S. 97), der eigentlich aus zwei kleineren Gewässern besteht, die künstlich angelegt wurden: Hinauf auf den hölzernen Aussichtsturm im Wasser, einmal über den Barfußpfad balancieren und schnell noch ein Espresso am gepflegten Ufer. Parkplätze gibt es am Vormittag noch ausreichend.

Umfahrung!
Wenn der Vršič-Pass gesperrt ist, verläuft die Umleitung über Rateče und Italien und den Predilpass (slow. Predel).

E2 VOM JASNA-SEE NACH TRENTA

(23 km/45 Min.)

Auf der Vršič-Passstraße über kühne Kurven gleiten – mit traumhafter Aussicht auf Bergkuppen

Nun beginnt der schönste Streckenabschnitt: der Vršič-Bergpass, auf den sich 24 Kurven hinauf- und 26 wieder hinabwinden (S. 98). Jede Spitzkehre ist mit einem großen blauen Schild versehen, auf dem die Kurvennummer steht. Nach gut 5 km, bei Kehre 8, schmiegt sich die Russische Kapelle an den bewaldeten, schattigen Hang. Unmittelbar nach der Spitzkurve steht eine kleine Parkbucht bereit. Nach einem kurzen Spaziergang, an Bach und Holzbänken vorbei, geht es den Pass weiter hinauf. Nach ein, zwei Minuten Fahrtzeit empfiehlt sich die Berghütte Koča pri Gozdu, mit schönem Balkonblick auf den Berg Špik. Als frühes Mittagessen ist der Jota-Eintopf mit Sauerkraut und Bohnen köstlich! Frisch gestärkt geht es weiter, etwa 3,5 km bis zur Berghütte Erjavčeva koča. Vom Parkplatz führt ein

Achtung!
Die Kehren der Nordseite des Vršič-Passes sind noch mit dem ursprünglichen Kopfsteinpflaster bedeckt. Bei Regen wird es rutschig!

Versprengte Gutshöfe säumen die Straße durch das Soča-Tal bei Trenta

Fußweg in wenigen Minuten zu einem Aussichtspunkt: Von dort öffnet sich der Blick auf die Felswand mit dem »Heidnischen Mädchen« (Ajdovsko dekle). An Regentagen können Nebelschwaden den Ausblick verhängen. Der Vršič-Pass überquert nach wenigen Fahrminuten 1611 m Meereshöhe: Auf dem Sattel wird es im Sommer eng mit Parkplätzen (Gebühr beim Parkplatzwächter). Dann geht es langsam bergab: Spätestens bei Kurve 48 (824 m Meereshöhe) lohnt ein Fotostopp bei einem Denkmal, das den »Entdecker« der Julischen Alpen, Julius Kugy, ehrt – wenige Meter vom Pass versetzt, mit Blick auf den Triglav. Unweit entfernt überquert die Bergstraße erstmals den smaragdgrünen Fluss Soča, beide verlaufen nun parallel zueinander. Kurz darauf passieren wir linker Hand den Botanischen Garten Alpinum Juliana. Nächster Stopp ist das Informationszentrum des Triglav Nationalparks in Trenta (S. 99), mit großem Parkplatz, Museum und Souvenirshop.

Versorgung im Krieg
Russische Kriegsgefangene bauten im Ersten Weltkrieg die Vršič-Passstraße, die für die Versorgung des Militärs in den Isonzo-Schlachten eine große Rolle spielte.

E3 VON TRENTA ZUR FESTUNG KLUŽE

(27 km/35 Min.)

Sanfte Kurven statt Serpentinen prägen nun die Route. Ein kurzer Abstecher führt hinauf zu einem K.u.k.-Fort

Das Informationszentrum bleibt zurück, die Strecke ist nun weniger kurvig und begleitet weiterhin die Soča. Immer wieder laden Picknicktische, kleine Parkbuchten oder Hängebrücken dazu ein, eine kurze Pause einzulegen. Stellenweise ist die Straße nur durch alte Grenzsteine von der Soča abgegrenzt. Gut 9 km nach dem Ort Soča passiert man einen K.u.k.-Militärfriedhof direkt neben der Route (mit Infotafel). Zur Festung Kluže (S. 100) folgt man dem entsprechenden Schild in Richtung Predilpass/Italien die Landstraße (B203) hinauf. Stellenweise ist die Straße recht schmal. Nach etwa 2 km erreicht man die Festung.

E4 VON DER FESTUNG KLUŽE NACH KOBARID

(15 km/20 Min.)

Das Soča-Tal wartet mit einem imposanten Wasserfall auf und lädt immer wieder zu Stopps entlang des Flusses ein

Nach einem kurzen Fotostopp bei der Festung geht es die gleiche Strecke wieder bergab, jedoch halten wir uns rechts in Richtung Bovec (S. 99). Das Outdoor-Örtchen durchqueren wir nur. Wer mag, findet im Zentrum jedoch mehrere Cafés und Restaurants. Nach 5 km, etwa 300 m hinter der Gostilna Žvikar, parken wir nahe dem Fluss Boka. Von dort geht es in wenigen Minuten zu einem Aussichtspunkt, der den Blick auf den Wasserfall aus der Ferne öffnet. Ideal, um sich die Beine zu vertreten! Weiter geht es mit dem Auto, ins Städtchen Kobarid (S. 100). Vor einem Sportplatz im Ortskern kann man mit Parkscheibe kostenlos parken und das Kriegsmuseum besuchen (S. 101) oder am Hauptplatz einen Kaffee trinken.

Freilichtmuseum Ravelnik
Das Museum erstreckt sich nach der Gabelung zum Fort Kluže, in Richtung Bovec. Es ist frei zugänglich, eine Stirnlampe wird empfohlen.

Imposantes Naturschauspiel: der Kozjak-Wasserfall bei Kobarid

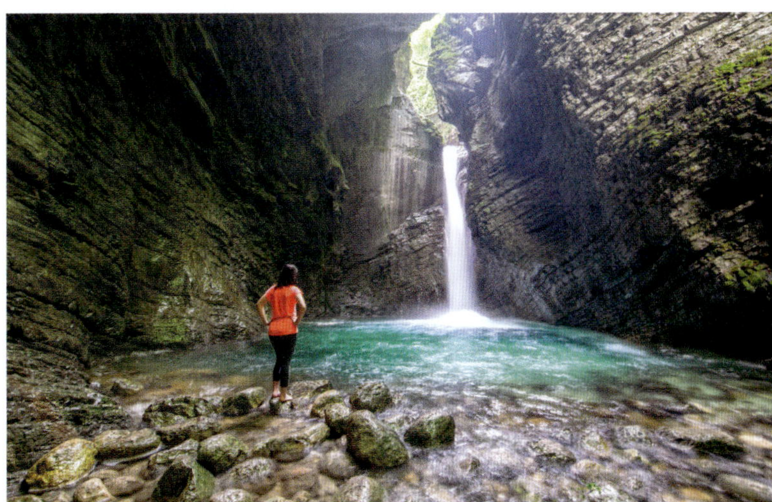

E5 VON KOBARID NACH TOLMIN

(17 km/20 Min.)

Und immer wieder begleitet die Soča die Traumstraße, spektakuläre Steinbrücken lohnen eine Rast

Abstecher
Tipps für einen längeren Aufenthalt? Die Soča-Quelle bei Bovec, der Kozjak-Wasserfall bei Kobarid oder die Klamm Tolminska korita bei Tolmin lohnen einen Abstecher!

Nach dem Ortskern führt ein kurzer Abstecher zur Molkerei Mlekarna Planika (S. 102), die einen Laden mit vielen lokalen Produkten und Souvenirs betreibt. Parkplätze gibt es direkt davor. Rechter Hand führt die Straße, gut ausgeschildert, zur Napoleon-Brücke – ohne Parkmöglichkeit in unmittelbarer Nähe. Hält man sich jedoch linker Hand, die schmale Straße hinauf, gelangt man nach etwa 200 m zu einem großen, gebührenpflichtigen Parkplatz (Parkautomat). Dieser wird vorrangig von Besuchern des Wasserfalls Kozjak (S. 102) genutzt – wofür man jedoch eine Stunde einplanen sollte. Den Wasserfall überspringen wir aus Zeitgründen und fotografieren stattdessen die Steinbogenbrücke. Wieder hinab auf die Hauptstraße, biegen wir nicht nach Kobarid ab, sondern halten uns immer links. Kurz bevor die gut ausgebaute Straße (B 102) Tolmin erreicht, fahren wir vor der Bogenbrücke Volčanski most zum Terrassenrestaurant Labrca hinunter – wo am Ufer der Soča im Sommer gebadet wird.

Auf einer Bergkuppe thront die Burg von Tolmin und eröffnet einen herrlichen Blick auf die Stadt

Fast unwirklich türkis schimmert die Soča bei der alten Steinbrücke von Most na Soči

E6 VON TOLMIN NACH BLED

(77 km/ca. 2 Std.)

Die Soča verabschiedet sich. Nun heißt es: Autozug oder doch lieber über eine schön gewundene Bergstraße?

Weiter geht es durch das Städtchen Tolmin hindurch, die Landstraße verläuft an der Soča und ihrem Stausee entlang bis Most na Soči (S. 103), mit Fotostopp an der Brücke. Bis nach Podbrdo sind es gut 30 km, in 45 Min. sind wir dort angekommen. Wenn es zeitlich passt, nehmen wir den Autozug nach Bohinjska Bistrica – der derzeit kurz nach 19 Uhr verkehrt (S. 94). Die einfache Überfahrt dauert gerade mal 9 Min. Über den Gebirgspass, auf dem – tagsüber zumindest – gerne Holzlaster unterwegs sind, benötigt man 45 Min. (25 km). Bei Helligkeit hat man jedoch ein schönes Alpenpanorama. Ab Bohinjska Bistrica, 6 km vom Bohinjer See entfernt, führt eine gut ausgebaute Landstraße zurück nach Bled.

Hotelempfehlungen:

Wenn Sie die Tour in Tagesetappen fahren, empfehlen wir folgende Hotels:

€€ | Koča na Gozdu Berghütte mit schlichten Vierbettzimmern, guter Hausmannskost und großem Parkplatz direkt an der Passstraße (1223 m).
›› Vršiška cesta 86, 4280 Kranjska Gora, Tel. 051/62 66 41

€€€ | Hiša Franko Ana Roš verwöhnt nicht nur ihre Gäste in ihrem Top-Restaurant, sondern vermietet dort auch individuell eingerichtete Zimmer.
›› Staro selo 1, 5222 Kobarid, Tel. 05/389 41 20, www.hisafranko.com

Unterwegs

Das zauberhafte Küstenstädtchen Piran drängt sich auf einer spitz zulaufenden Landzunge, die weit in die Adria hineinragt. Hier zeigt sich das mediterrane Slowenien von seiner schönsten Seite.

Das will ich erleben

Schroffe Alpengipfel, türkisfarbene Gletscherseen, venezianische Küstenstädte: In Slowenien gerät man schnell ins Schwärmen. Berge und Meer liegen so nah beisammen, dass man sich hier gar nicht entscheiden muss. Und dazwischen bleibt (hoffentlich) noch Zeit, um im herausgeputzten Ljubljana über die berühmten Drei Brücken zu flanieren, über die smaragdgrüne Farbe der Soča zu staunen oder Stalaktiten und Stalagmiten zu bewundern. Genussvoll, im Weinkeller oder im Thermalbad, lässt sich der Osten entdecken. In Slowenien findet jeder sein Glückserlebnis und seinen Lieblingsort.

Kühne Kurvenstraßen

Malerisch schwingen sich zahlreiche kurvenreiche Traumstraßen durch das Land: Wer Serpentinen mag, wird selig durch fantastische Alpenlandschaften gleiten. Wer es lieber ein wenig gelassener angeht, steuert das Auto durch wilde Gletschertäler und sanfte Weinberghügel.

Fantastische Fernblicke

In den Alpen, am Meer oder in den Weiten der Pannonischen Ebene ganz im Osten des Landes: Es gibt eine Vielzahl wunderbarer Aussichtspunkte, nicht selten auf einer Burg, von der man den Feind sofort erspähen konnte – und die heute ein beliebtes Selfie-Motiv darstellt.

Fröhlicher Familienurlaub

In Slowenien gibt es für Familien viel zu entdecken: vor allem Naturerlebnisse, aber auch stolze Pferde, mächtige Bollwerke mit Ritterfesten und Thermalbäder mit Aquaparks, in denen es ruhig mal ein wenig lauter zugehen darf.

5

Kunstvolle Kirchenschätze

Auch wenn man nicht gläubig ist, entlocken diese Kirchen und Klöster wohl jedem ein Seufzen. In abgeschiedenen Tälern versteckt oder auf einer vielbesuchten Insel – überall scheint die Zeit stillzustehen.

24

Spannende Shoppingerlebnisse

In Ljubljanas Läden und Boutiquen könnte man tagelang stöbern, auf dem bunten Markt überall zugreifen. Hochwertiges Salz und Bleikristall haben eine lange Tradition.

1

3

Gelebte Genussfreude

Die »kremšnita« aus Bled ist legendär, der üppige Schichtstrudel »prekmurska gibanica« kommt in vier Lagen daher, und die Krainer Wurst war schon mal im Weltall.

1

Magische Museen

Viele alte Klöster, Burgen und Prachtgebäude hüten ein Regionalmuseum. Größere Häuser sind oft interaktiv, kleineren fehlt es häufig an Geld – doch überall gibt es hilfsbereite Mitarbeiter, die Besuchern gerne etwas erzählen.

30

Tolle Thermenwelten

Aus dem wohlig-warmen Wasser will man gar nicht mehr raus: Sloweniens Osten ist reich an Thermal- und Mineralquellen. Welches Kurbad man wählt, hängt vom Zipperlein ab, denn jedes Wasser wirkt anders.

Wunderbare Weinseligkeit

Die Römer pflanzten wohl die ersten Reben in der Drava-Region Podravje. Gemeinsam mit dem küstennahen Primorje und der Sava-Region Posavje bringen die drei Weinanbaugebiete 52 Sorten Wein hervor. Für die große Vielfalt sorgen verschiedene Klimaeinflüsse und Böden.

35

Unvergängliche Unterwelten

Der Untergrund im Karst erinnert an einen löchrigen Käse: Unzählige Tropfsteinhöhlen durchziehen den porösen Kalkstein. In die berühmteste alle Höhlen geht es mit der Bahn hinein. Auch in alte Bergwerke lässt es sich eintauchen.

19

Mächtiges Mauerwerk

Mit imposanten Bollwerken schützten die früheren Herrscher ihre Ländereien. Die Höhlenburg Predjama galt als uneinnehmbar und fiel erst durch Verrat. Klöster wurden hingegen oft in stille Täler gebaut.

18

Ljubljana und die Mitte Sloweniens

Die Hauptstadt gibt sich urban, aber auch gemütlich. Zu einem erholsamen Kurztrip in die Alpenstädtchen ist es nur ein Katzensprung.

Ljubljana ist die einzige »richtige« Metropole des Landes: mediterrane Leichtigkeit in den Sommermonaten, ein wenig mittelalterlich-romantische Melancholie im Winter und ganzjährig ein Magnet – etwa für die vielen Berufspendler oder Studenten, die ihr an Werktagen ein geschäftiges Flair verleihen. An Sonntagen ist es hingegen umgekehrt: Da strömen die Ljubljančani hinaus aus der Stadt – in die Berge, aufs Land, ans Meer. Dazu braucht man in der Regel nicht einmal eine Stunde, denn Ljubljana liegt so ziemlich genau in der Mitte des Landes.

Bis zu den Kamniker Alpen, die die Hauptstadt von Norden her vor allzu frostigen Wintern schützen, benötigt man nicht einmal eine halbe Stunde Fahrzeit. Die Gipfelkette gehört zur Gorenjska, der Unterkrain, die mit sattgrünen Tälern, rauschenden Wildbächen und steilen Gipfeln besticht. Diese erreichen zwar nicht die Höhe der Julischen Alpen im Nordwesten, wirken jedoch mindestens ebenso malerisch – etwa die Hochalm Velika Planina bei Kamnik. Als Hauptstadt der Kamniker Alpen gilt Kranj, wo die weltberühmte Krainer Wurst ihre angestammte Heimat hat.

In diesem Kapitel:

ADAC Top Tipps:

Ljubljanski grad, Ljubljana
| Burg |
Steht man auf dem grünen Hügel mit der restaurierten Burg von Ljubljana, liegt einem die slowenische Hauptstadt mit ihrem malerischen Fluss, den roten Ziegeldächern und hohen Wohnwürfeln zu Füßen. 67

ADAC Empfehlungen:

Prešernov trg, Ljubljana
| Platz |
Die Ljubljančani treffen sich gerne auf einen entspannten Espresso am Hauptplatz der Stadt mit seiner geschwungenen Drillingsbrücke. 71

2 Odprta kuhna, Ljubljana
| Food-Festival |
Leckere Slow-Food-Küche gibt es jeden Freitag auf dem Markt in geselliger Atmosphäre. 73

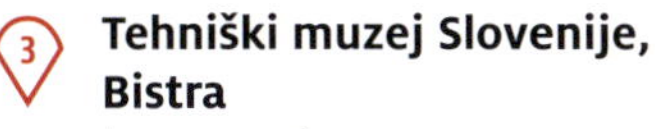

3 Tehniški muzej Slovenije, Bistra
| Museum |
Titos blank polierte Luxuskarossen in einem ehemaligen Kloster. 76

4 Arboretum, Volčji Potok
| Park |
Wunderbar weitläufig sind diese blühenden Gärten bei Kamnik. 78

5 Velika Planina
| Hochalm |
Malerische Gebirgskulisse mit ovalen Sennerhütten. Wer will, deckt sich mit köstlicher Sauermilch ein. 78

6 Unterirdische Tunnels, Kranj
| Schutzbunker |
Tief unter dem Alpenstädtchen durchziehen alte Schächte das Erdreich. 79

7 Škofja Loka
| Ortsbild |
Mittelalterliche Gassen, eine Burg und eine malerische Steinbrücke. 80

1 Ljubljana

Gemütlicher Alpencharme trifft Dolce Vita

Seit rund 900 Jahren thront die Burg über den Dächern der Altstadt von Ljubljana

Information

- Ljubljana Tourist Information Center (TIC), Adamič-Lundrovo nabrežje 2, 1000 Ljubljana, Tel. 01/306 12 15, www.visitljubljana.com, Juni–Sept. 8–21, Okt.–Mai 8–19 Uhr
- Slovenian Tourist Information Center (STIC), Krekov trg 10, 1000 Ljubljana, Tel. 01/306 45 76, Sommer tgl. 8–19, Dez. 8–20 Uhr
- Parken siehe S. 72, 74

Die slowenische Hauptstadt Ljubljana, die »Geliebte«, gibt sich mit ihren 284 000 Einwohnern gemütlich. Eine Altstadt mit hübschen Fassaden und gepflasterten Gassen duckt sich unter dem grünen Burghügel – entstanden auf den Ruinen des römischen Emona. Hier und da ragt ein barocker Kirchturm auf, während sich die Wiener Sezession in herausgeputzten Bürgerhäusern widerspiegelt und an das alte Laibach, so der deutsche Name, erinnert. Am Ufer der Ljubljanica mit ihren verspielten Steinbrücken wird es dann mediterran: In einem der vielen, gut besuchten Cafés lässt es sich wunderbar Espresso schlürfen. Und bis zum nächsten hippen Designerladen oder gut bestückten Museum sind es nur wenige Meter,

alles ganz entspannt und vor allem nah beieinander. Mit einer lebendigen Kulturszene, vielen Open-Air-Festivals, Konzerten und quirligem Nachtleben, etwa im alternativen Metelkova-Areal, gibt sich Ljubljana recht urban. Hinzu kommt, dass Ljubljana als eine der sichersten europäischen Metropolen gilt und 2016 zur »Grünen Hauptstadt Europas« – mit kostenlosen Leihfahrrädern, Radwegen und nachhaltigem Verkehrskonzept – gekürt wurde. All das hat sich längst herumgesprochen und so gilt Sloweniens einzige Metropole als ziemlich angesagte Destination für einen Kurztrip.

Plan S. 68/69

Burghügel und Altstadt

Das alte Herz der Stadt mit grünem Berg und schmalen Gassen

Sehenswert

1 Ljubljanski grad

| Burg |

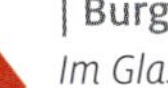

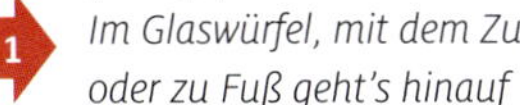

Im Glaswürfel, mit dem Zug oder zu Fuß geht's hinauf

Die restaurierte Burg von Ljubljana thront auf einem 375 m hohen grünen Hügel. Im Burghof wird Espresso getrunken, auf den Aussichtsturm führen knapp 100 knallrote Stufen spiralförmig hinauf. Unter dem Turm kann man einen Blick in die Georgskapelle (Kapela Sv. Jurja) werfen oder sich modern präsentierten Alltagsphänomenen aus sozialistischen Tagen widmen. Die Burggeschichte visualisiert ein Film, Kinder können im Puppenmuseum nette Figuren entdecken (Lutkovni muzej). Mit der Glaskabinenbahn geht es ab dem Krekov trg hinauf. Wer will, nimmt den Touristenzug Urbana (Abfahrt ab TIC) oder den Fußweg vom Gornji trg.

ADAC Spartipp

Die Ljubljančani gehen gerne auf dem grünen Burghügel – mit Panoramablick – spazieren. Eine gepflegte Allee führt zur **Wehranlage Šance**, die von Jože Plečnik stufenförmig umgebaut wurde. Die wunderbar grüne Oase inmitten der Stadt ist kostenlos zugängig. Auch wer nur einen Blick in den Burghof werfen will, benötigt kein Ticket.

Ljubljana
Pivovarna Union
Celovška cesta
Kurilniška ulica
Tivolska cesta
Dvořakova ulica
Jakopičev drevored
Tivoli
Pod turnom
Gosposvetska cesta
Vošnjakova ulica
Kersnikova ulica
Tavčarjeva
Jakopičevo sprehajališče
Pravoslavna cerkev
Prešernova cesta
Narodna galerija
Prežihova ulica
Župančičeva ulica
Štefanova ulica
Dalmatinova
Slovenska
Moderna galerija
Cankarjeva cesta
Tomšičeva ulica
Nazorjeva ulica
Narodni muzej Slovenije
9
Parlament
Beethovnova
Prešernov trg
7
6
1
Šubičeva ulica
Knafljev prehod
CENTER
Veselova ulica
Valvasorjeva ulica
Šubičeva ulica
Kongresni trg
Stolna
Erjavčeva cesta
Philharmonie
Levstikova ulica
Vrtača
Tivolska cesta
Gregorčičeva ulica
Universität
Hribarjevo nabrežje
Cankarjevo nabrežje
2
Čevljarski most
GRADIŠČE
Soteska
Vegova
Igriška ulica
Rimska cesta
Narodna in univerzitetna knjižnica
8
Gosposka ulica
Novi trg
Ljubljanica
Stari trg
Aškerčeva cesta
Slovenska cesta
Trg francoske revolucije
Gallusovo nabrežje
Zoisova cesta
Groharjeva cesta
Lepi pot
Mirje
MIRJE
Jamova cesta
Barjanska cesta
Emonska ulica
KRAKOVO
Krakovska ulica
Vrtna ulica
Krakovski nasip
Murnikova
Bogišičeva ulica
Finžgarjeva ulica
Gradaška
Teslova ulica
Glinščica
Riharjeva ulica
TRNOVO
Eipprova ulica
a
b
c
1
2
3
4
5

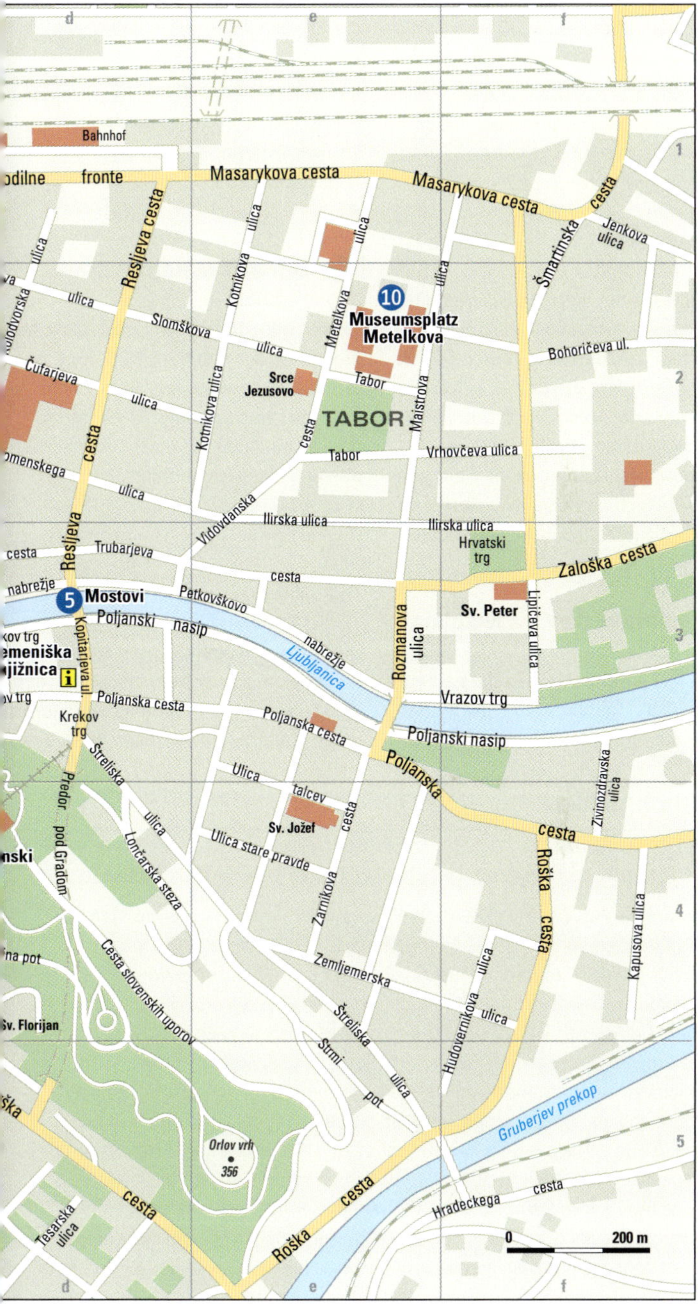

Bahnhof
Masarykova cesta
Museumsplatz Metelkova
Srce Jezusovo
TABOR
Hrvatski trg
Zaloška cesta
Mostovi
Sv. Peter
Ljubljanica
Vrazov trg
Poljanski nasip
Poljanska cesta
Sv. Jožef
Roška cesta
Orlov vrh 356
Gruberjev prekop
Hradeckega cesta
0 200 m

■ Grajska Planota 1, www.ljubljanskigrad.si, Jan.–April, Okt.–Dez. 9–19, Mai–Sept. 9–22 Uhr; Eintritt (Aussichtsturm, »Virtual Castle« mit Film, Puppenmuseum, Geschichtsausstellung) inkl. Standseilbahn: 16 €, erm. 11,20 €; nur Museen: 12 €, erm. 8,40 €, unter 7 Jahren frei

2 Altstadt

| Architektur |

Ljubljanas alten Kern markieren drei lang gezogene, autofreie Plätze mit gemütlichen Geschäften, in denen es sich herrlich stöbern lässt. Das »Rotovž« (Rathaus) am Mestni trg mit seiner herausgeputzten Barockfassade und dem Herkulesbrunnen davor zieht alle Blicke auf sich. Stari trg und Gornji trg wirken mit ihren geduckten Handwerkerhäusern sehr malerisch.

3 Stolna cerkev Sv. Nikolaja

| Kathedrale |

Zwei Glockentürme krönen die Kathedrale des hl. Nikolaus, die im frühen 18. Jh. auf den Mauern einer älteren Kirche entstand. Im Inneren bestechen weißer Stuck, Fresken und ein hübsch geschnitztes Chorgestühl. Die beiden Bronzetüren prägen sechs Bischofsköpfe und verschiedene Motive der Christianisierung Sloweniens.

■ Dolničarjeva ulica 1, www.lj-stolnica.rkc.si

4 Semeniška knjižnica

| Bibliothek |

Sloweniens älteste wissenschaftliche Bibliothek aus dem Jahr 1725 birgt meterhohe Holzregale mit alten Büchern und ein wundervolles Deckenfresko, das Schutzheilige und Bibelszenen überaus plastisch abbildet.

■ Dolničarjeva ulica 4, Tel. 01/300 19 53, www.semenisce.si, nur nach Anmeldung

5 Mostovi

| Brücken |

Die »Drei Brücken« (Tromostovje) am Prešerenov trg gelten als eines der Meisterwerke von Jože Plečnik: Ljubljanas Stararchitekt verband 1932 eine

Im Blickpunkt

Jože Plečnik – Ljubljanas berühmter Haus- und Hofarchitekt

Stark wie nie zuvor bebte die Erde 1895 in Laibach – viele Häuser mussten daraufhin abgetragen werden. Bald schon bekam die Innenstadt ganze Straßenzüge mit prunkvollen Bürgerhäusern, die unter dem Einfluss der Wiener Sezession standen. Das neue Stadtbild prägte, wie kein anderer, der slowenische Architekt Jože Plečnik (1872–1957), der sein Handwerk in Wien und bei der Umgestaltung des Prager Hradschin gelernt hatte. In über 30 Jahren formte Plečnik Ljubljana zu einem charmanten Gesamtkunstwerk: Er säumte die Markthallen an der Ljubljanica mit Arkaden, verband die zentrale Brücke zu einem Dreiergespann und verpasste dem Hauptfriedhof Žale ein imposantes Eingangsportal. Die National- und Universitätsbibliothek zählt zu seinen Meisterwerken, das frühere Kreuzritterkloster Križanke verwandelte er in die stimmungsvollste Freilichtbühne der Stadt. In seinem Wohnhaus in Ljubljana lassen sich seine Skizzen, Modelle und Visionen bestaunen (www.mgml.si).

Das Innere der Kathedrale Sv. Nikolaja ziert ein überbordender Barockschmuck

Fuhrwerkbrücke mit zwei parallel dazu verlaufenden Fußgängerbrücken. Das Ergebnis: Eine dreifache Brücke mit verspielten Steinbalustraden spannt sich seither über die Ljubljanica.

Die mit Liebesschlössern behängte Metzgerbrücke (Mesarski most) mit LED-beleuchtetem Boden konzipierte der Meister zwar, allerdings wurde sie erst 2010 gebaut – mit LED-Beleuchtung. Sie führt geradewegs auf die Plečnik-Arkaden mit den Markthallen am Ufer der Ljubljanica zu.

Auch die 1901 erbaute Drachenbrücke (Zmajski most), die vier Drachen zieren, ist ein beliebtes Postkartenmotiv. Die Schusterbrücke (Čevljarski most) entwarf Jože Plečnik ebenfalls in den 1930er-Jahren.

 Prešernov trg

| Platz |

 *Hier treffen sich die Ljubljančani gerne auf einen Espresso*

Dass sein Gedicht, das »Trinklied« (»Zdravljica«), einmal Nationalhymne werden würde, das konnte France Prešeren (1800–1849) wohl nicht erahnen. Der Wegbereiter der modernen slowenischen Sprache thront als Statue über dem schönsten Platz der Stadt, während sich die Ljubljančani zu seinen Füßen gerne verabreden. Fünf Straßen mit hübschen Fassaden laufen hier sternförmig zusammen. An

ADAC Mittendrin

Einen Cappuccino am Ufer der **Ljubljanica** schlürfen? Das machen die Ljubljančani zu jeder Jahreszeit gerne – auf beiden Uferseiten. Zwischen Drachenbrücke und Sankt-Jakobs-Brücke (Šenktjakobski most) ist in den Cafés und Restaurants immer etwas los, an Sommerabenden mit Straßenmusik.

Der Prešeren-Platz mit der Franziskanerkirche ist das Herz des historischen Zentrums

der Ecke Miklošičeva ulica fällt das Urbanc-Palais (1903) auf, das heute das Luxuskaufhaus Galerija Emporium beherbergt – ein Taschen- und Schuhparadies! Die Miklošičeva ulica am Grand Hotel Union in Richtung Bahnhof entlang besticht mit weiteren hübschen Gründerzeitfassaden.

7 Frančiščanska cerkev

| Kirche |

Himbeerfarben leuchtet die Fassade der barocken Franziskanerkirche, die Mariä Himmelfahrt (Marijino oznanjenje) geweiht ist: Sie dominiert den Prešeren-Platz, auf ihren Stufen treffen sich Jugendliche. Hübsche Fresken und ein Altar von Francesco Robba (18. Jh.) lohnen den Blick ins Innere.

■ Prešerenov trg 4, www.franciskani.si, 7–12, 15–20 Uhr

Verkehrsmittel

Ungewöhnliche **Stadtführungen** sind auf Retro-Fahrrädern (»Pony«), mit dem Segway oder auf Stand-Up-Paddling-Brettern entlang der Ljubljanica möglich. Die TIC vermittelt auch kulinarische Genusstouren. Beliebt sind Bootsfahrten mit der »Barka Ljubljanica« (Abfahrt nahe Novi trg, www.barka-ljubljanica, Mai–Okt. 10–20, Nov.–Jan. 11–20 Uhr, 14 €, Kinder 7 €).

ADAC Spartipp

In Ljubljanas Innenstadt kann man täglich 60 Min. kostenlos im **mobilen Internet** surfen: einfach das Netz »WiFreeLjubljana« suchen und anmelden (www.wifreeljubljana.si).

Parken

In der Innenstadt gibt es vier **Parkzonen** (Höchstparkdauer 120 Min.). Wer möglichst nah an der Altstadt parken will, kann sein Glück im **Parkhaus** unterhalb des Kongressplatzes versuchen (Kongresni trg, bis 3 Std. 1,70 €/Std., über 3 Std. 2,50 €/Std., abends 2 €/Std.). In Marktnähe befindet sich das Parkhaus **Kapitelj** (Poljanski nasip 4, 1. Std. 2,10 €, jede weitere Std. 2,60 €), www.parkiraj.si. ■ Parkhäuser: tagsüber bis ca. 2,60 €/Std., abends ca. 1,60 €/Std., Tagespauschalen ca. 25–30 €; Parkgebühren auf der Straße: ab 0,70 €/Std.

Restaurants

€ | Klobasarna Die weltberühmte Krainer Wurst (»Kranjska klobasa«) in diesem Imbiss gegenüber der Kathedrale unbedingt mit Sauerkraut und Senf nehmen. Mit Sitzgelegenheit. ■ Ćiril Metodov trg 15, Tel. 051/60 50 17, www.klobasarna.si, Mo–Sa 10–21, So 10–15 Uhr, Plan S. 68/69, c3

€ | Kodila Gourmet Schinken, Strudel, Grammeln, Käse und andere Köstlichkeiten aus der Region Prekmurje werden unter den Plečnik-Arkaden am Markt serviert. ■ Adamič-Lundrovo nabrežje 7, www.kodila.si/cenik_lj_Sl.php, Mo–Di 7–14, Mi–Fr 7–14, 18–22, Sa 7–21 Uhr, Plan S. 68/69, d3

Cafés

Kavarna Zvezda Die vierschichtige »Prekmurska gibanica« in diesem Traditionscafé ist ein Genuss. ■ Kongresni trg 3, Tel. 01/421 90 90, Mo–Mi 8–22, Do–So 8–23 Uhr, Plan S. 68/69, c3

Einkaufen

Mestni trg Kulinarisches, Taschen oder Kleidung slowenischer Designer finden sich rund um diesen Platz, z. B. Salzblüte aus Piran (Mestni trg 8, www.soline.si, Mo–Sa 9–20 Uhr) oder Kristall aus Rogaška Slatina (Mestni trg 22, Mo–Sa 9–20, www.steklarna-rogaska.si). Feine

ADAC Mobil

Ljubljana war 2016 **»Grüne Hauptstadt Europas«** – mit vielen nachhaltigen Konzepten für den Stadtverkehr: Die stark befahrene Slovenska cesta wurde kurzerhand autofrei, drei froschgrüne Elektro-Vehikel »Kavalir« befördern Passagiere gratis durch die autofreie Altstadt (Tel. 031/66 63 32), und der Elektrozug Urbana dreht seine Sightseeing-Runden. Fahrräder können an über 80 Stellen ausgeliehen werden (Anmeldegebühr 1 €/Woche bzw. 3 €/Jahr, erste Stunde kostenlos, www.bicikelj.si, Anmeldung mit Giro- oder Kreditkarte). Verleih von Fahrrädern und Elektrorollern auch beim STIC.

Spitzen führt die Galerija Idrijske čipke (Mestni trg 17, www.fb.com (Idrija lace), Mo–Fr 10–18, Sa 10–14 Uhr). ■ Plan S. 68/69, c3/4

Tržnica Auf dem kunterbunten Markt von Ljubljana gibt es Kulinarisches und Hausgemachtes, z. B. Schnaps oder Öl. ■ Adamič-Lundrovo nabrežje 6, Mo–Fr 7–16, Sa bis 14 Uhr, Plan S. 68/69, d3

Events

Odprta kuhna Beim Streetfood-Festival am Markt mischen Slow-Food-Tempel und Traditionsgasthäuser aus dem ganzen Land mit. Dazu gibt es vorzügliche Weine und eine entspannte Atmosphäre. ■ www.odprtakuhna.si, jeden Fr 10–22 Uhr von Ende März bis Okt., Eintritt frei, Plan S. 68/69, d3

Ana Desetnica Beim Straßentheater-Festival Anfang Juli verwandeln sich Plätze und Parks in öffentliche Bühnen.

Außerhalb der Altstadt

Die schönsten Bauwerke und Museen sind nur einen Katzensprung entfernt

Sehenswert

8 Narodna in univerzitetna knjižnica (NUK)

| Architektur |

Die 1941 eröffnete National- und Universitätsbibliothek mit der markanten Ziegelfassade gilt als Meisterwerk Plečniks. Das Treppenhaus kann unter der Woche täglich besichtigt werden, der Große Lesesaal (Velika čitalnica) nur am Samstag.

■ Turjaška ulica 1, www.nuk.uni-lj.si, Treppenhaus: Mo–Fr 10–18 Uhr, Lesesaal: Sa 14.30–18 Uhr, 5 €, bis 15 Jahre frei

9 Narodni muzej Slovenije

| Museum |

Das Nationalmuseum Sloweniens im schmucken Neorenaissancebau von 1888 mit Deckenmalereien zeigt eine 45 000 Jahre alte Neandertaler-Flöte aus einem Bärenknochen, die im Moor von Ljubljana gefunden wurde. Im Obergeschoss lockt das Naturkundemuseum (Prirodnoslovni muzej Slovenije) mit Skeletten von Wal und Mammut vor allem Familien an.

■ Prešernova cesta 20, www.nms.si, 10–18, Do bis 20 Uhr, 8 €, erm. 4 €, Kombiticket 10 €, erm. 6 €

10 Museumsplatz Metelkova

| Museen |

An das alternative Streetart-Viertel Metelkova grenzt der modern gestaltete Muzejski trg an, der gleich von drei sehenswerten Museen gesäumt wird: von der Kunstabteilung des Nationalmuseums, dem Ethnografischen Museum mit interessanten Wechselausstellungen und dem Museum für moderne Kunst Metelkova (MSUM).

■ Nationalmuseum: www.nms.si, 8 €, erm. 4 €; Etno-Museum: www.etno-muzej.si, 6 €, erm. 3 €; MSUM: www.mg-lj.si, 5 €, erm. 2 €; alle Di–So 10–18 Uhr

ADAC Mittendrin

Auf T-Shirts, Tassen oder als stolze Brückenfigur: Der **Drache** ist schon lange das Symbol von Ljubljana, seit Kurzem auch als Plüschtier. So sagt die Legende, Jason und seine Argonauten seien nach ihrer Rückkehr von Kolchis der Donau und Save gefolgt. Im Moor, südlich des heutigen Ljubljana, besiegte Jason – der gerne als Stadtgründer ausgegeben wird – einen Drachen. Eine andere Version geht auf eine Freske des hl. Georg (Sveti Juraj), Drachentöter, in Ljubljana zurück.

Parken

Ein **Parkplatz** mit 360 Plätzen befindet sich östlich des Tivoli-Parks (Parkirišče Tivoli I, Celovška cesta 3, 0,80 €/Std.).

Restaurants

€ | Skuhna In diesem Non-Profit-Restaurant kochen Zuwanderer Spezialitäten aus ihrer Heimat, etwa aus Simbabwe oder Indien. ■ Trubarjeva cesta 56, Tel. 041/339978, www.skuhna.si, Mo–Sa 11–16 Uhr, Plan S. 68/69, e3

€€ | Gostilna Čad Das traditionelle ein beliebtes Ausflugslokal auf dem Rožnik-Hügel im Tivoli-Park, geschätzt für seine Balkan-Grillteller. ■ Cesta na Rožnik, Tel. 01/2513446, www.gostilna-cad.si, tgl. 11–23 Uhr, Plan S. 68/69, westl. a2

Kneipen, Bars und Clubs

Metelkova Ljubljanas alternatives Kulturzentrum erstreckt sich seit 1990 in ehemaligen, nun besetzten Militärbaracken, die mit reichlich Graffiti und Streetart aufgepeppt wurden. Am Abend trifft man sich zu Konzerten in den Clubs. ■ Masarykova cesta 24, www.metelkovamesto.org, im Sommer tgl., im Winter nur Fr, Sa, Plan S. 68/69, e1

Nebotičnik Bei der Einweihung 1933 war der 70 m hohe »Wolkenkratzer« das höchste Gebäude in Jugoslawien. Schon seit Generationen trifft man sich hier auf einen Kaffee mit wunderbarem Panoramablick. Abends Lounge-Bar mit Glam-Faktor. ■ Štefanova ulica 1, www.neboticnik.si, Mo 9–22, Di–Sa 9–24, So 12–22 Uhr, Plan S. 68/69, c2

Events

Križanke Im ehemaligen Kreuzritterkloster, das Jože Plečnik in den 1950er-Jahren umgestaltete, findet das traditionelle Sommerfestival mit Konzerten und Theateraufführungen statt. ■ Trg francoske revolucije 1, www.ljubljanafestival.si, Plan S. 68/69, c4

Wandern

Pot ob žici Wo im Zweiten Weltkrieg ein 33 km langer Stacheldraht die Stadt Ljubljana umzäunte, verläuft heute ein grüner Spazier- und Radweg, der mit rund 7000 Bäumen bepflanzt worden ist. ■ www.pohod.si

In der Umgebung

Cistercijanska opatija Stična
| Kloster |
Sloweniens ältestes Kloster (1136 gegründet) gehört zu den bedeutendsten geistlichen Zentren des Landes und verfügt über einen wunderschönen Kreuzgang. Das angeschlossene Religionsmuseum hütet Messgewänder und liturgische Gefäße, im Laden kann man Heilkräuter erstehen.

Auch die National- und Universitätsbibliothek trägt die Handschrift von Jože Plečnik

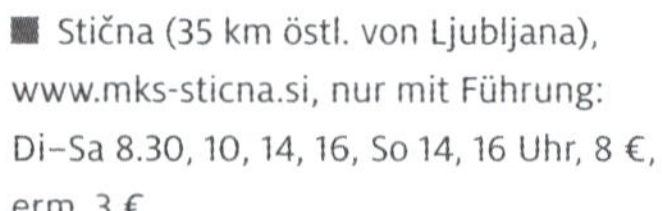

■ Stična (35 km östl. von Ljubljana), www.mks-sticna.si, nur mit Führung: Di–Sa 8.30, 10, 14, 16, So 14, 16 Uhr, 8 €, erm. 3 €

Grad Bogenšperk

| Museum |

Dieses dreigeschossige Renaissanceschloss mit vier Türmen thront auf einem 412 m hohen Hügel und wird von einem gepflegten Schlossgarten eingerahmt. Der slowenische Universalgelehrte Janež Vajkard Valvasor (1641–1693), der hier 20 Jahre wirkte, richtete eine Druckerei ein und plante schon seinerzeit den Bau eines Tunnels unterhalb des Loibl-Passes. Eine Sammlung zeigt historische Bücher, Illustrationen und Karten von Valvasor, aber auch bunte Volkstrachten.

Im Blickpunkt

Deutsche oder slowenische Ortsnamen?

Laibach? Marburg? Kronau? Geschichtsbedingt haben viele slowenische Orte auch deutsche Namen. In Deutschland verwendet man diese nur selten, während die Österreicher durchaus gern mal nach Laibach statt Ljubljana fahren. Nennen Sie die Städte so, wie sie heute heißen. Die Slowenen freuen sich darüber! Eine Ausnahme sind Orte, in denen größere anerkannte Minderheiten leben: Im Nordosten, wo viele Ungarn heimisch sind, finden sich zweisprachige Orts- und Verkehrsschilder, z. B. Lendava/Lendva. An der Küste, z. B. in Koper/Capodistria, ist hingegen Italienisch zweite Amtssprache.

■ Bogenšperk 5, Šmartno pri Litiji (45 km östl. von Ljubljana), www.bogensperk.si, April–Juni, Sept., Okt. Mo–Fr 9–16, Sa, So 10–18, Juli, Aug. tgl. 9–18, Nov.–März Mo–Fr 10–14, Sa, So 10–16 Uhr, 6 €, erm. 4,50 €

Tehniški muzej Slovenije

| Museum |

3 *Technik und mehr, eingebettet in eine malerische Umgebung*

Im weitläufigen früheren Kartäuserkloster Bistra ist das beeindruckende Technikmuseum untergebracht. Glanzstück der Sammlung sind 15 Luxus-Oldtimer, in denen sich einst der jugoslawische Staatschef Tito umherfahren ließ. Spannend sind auch alte Motorräder, Traktoren oder Feuerwehrfahrzeuge.

■ Bistra 6, Borovnica (20 km südl. von Ljubljana), www.tms.si, März–Mai, Sept.–Dez. Di–Fr 8–17, Sa, So 9–19, Juni–Aug. Di–So 9–19 Uhr, 8 €, erm. 4 €

2 Kamnik

Charmantes Alpenstädtchen mit mittelalterlichen Burgruinen

Information

■ TIC, Glavni trg 2, 1241 Kamnik, Tel. 01/8318250, www.visitkamnik.com

Die Stadt Kamnik (dt. Stein in Oberkrain, 13700 Einw.) war früher ein Lehen der Grafen von Andechs-Meran. Sie besticht mit zwei Burgruinen und einem mittelalterlichen Kern. Vom Hauptplatz zieht sich die Ulica Šutna an pastellfarbenen Bürgerhäusern vorbei. Sie führt zum Schloss Zaprice mit Regionalmuseum, das auf einer Anhöhe wie aufgetupft wirkt. Die Kamniker (auch Steiner) Alpen (Kamniško-Savinjske Alpe) rahmen das Städtchen ein.

Die mittelalterliche Altstadt von Kamnik von der Kulisse majestätischer Alpengipfel

Sehenswert

Mali grad

| Aussichtspunkt |

Auf einem kleinen Hügel mitten in der Stadt thront die Burgruine Mali grad (»Kleine Burg«) mit wuchtigem Wachturm. Die dreistöckige Kapelle des hl. Eligius (Sv. Eligij) nebenan, mit Holzdecke und Fresken, gehört – trotz Umbau – zu den ältesten romanischen Bauwerken Sloweniens.

■ Frei zugänglich, Kapelle unregelmäßig geöffnet

Frančiškanski samostan

| Kloster |

Das Franziskanerkloster hütet eine wertvolle Bibliothek, darunter die erste Bibelübersetzung ins Slowenische von 1578. Die barocke Jakobskirche birgt beachtenswerte, jüngere Fresken und eine der ältesten Orgeln im Land. Ljubljanas Stadtarchitekt Jože Plečnik entwarf die Seitenkapelle der Kirche voller Symbolik – darunter ein Felsblock, der an das Grab Christi erinnern soll.

■ Frančiškanski trg 2, Tel. 064/17 99 10, www.franciskani-kamnik.si, Kirche tgl. geöffnet, Klosterbesichtigung nach Voranmeldung

Einkaufen

Im TIC gibt es den ballförmigen **Trnič** (»Liebeskäse«) von der Hochalm Velika Planina (S. 78) in Souvenirverpackung. Die Hirten schenkten ihn früher ihrer Liebsten als Zeichen der Treue.

In der Umgebung

Stari grad

| Aussichtspunkt |

Die Überbleibsel der Alten Burg thronen auf 585 m Höhe auf einem Hügel südöstlich der Stadt.

Auf einer saftigen grünen Hochebene erstreckt sich die Hirtensiedlung Velika Planina

Arboretum, Volčji Potok

| Park |

Blühende Blumenausstellungen bezaubern die Besucher

Der wohl schönste botanische Park in ganz Slowenien ist eine gepflegte, weitläufige Anlage: Auf 85 ha wechseln sich Landschaftsgärten im englischen Stil, Naturwald, romantische Bäche und Teiche, ein Herrenhaus und saisonal wechselnde Pflanzenarrangements ab. Kinder lieben die lebensgroßen Dinosaurier- und Walskulpturen, die Märchenhäuser und die Bimmelbahn. Nicht verpassen: Im April blühen hier 2 Mio. Tulpen – für jeden Einwohner Sloweniens wird eine gepflanzt. Und im Juni taucht die Rosenblüte das Rosarium in warme Rottöne. Es wachsen fast 1200 Rosensorten.

■ Volčji Potok 3, Radomlje, www.arboretum.si, April–Aug. tgl. 8–20 Uhr, übrige Zeit kürzer, 9 €, erm. 6 €

Velika Planina

| Hochalm |

Eine der letzten hochalpinen Hirtensiedlungen Europas

Das malerische Hochplateau der Kamniker Alpen auf 1660 m Höhe ist für seine ovalen, fensterlosen Sennerhütten mit Schindeldächern berühmt: Rund 30 Hirten verbringen den Sommer mit ihren Schafen oben, in einigen Hütten kann man köstliche Sauermilch kaufen und sogar übernachten. In der Preskar-Hütte (Preskarjeva bajta) mit Feuerstelle wird Hirtengerät gezeigt. Foto-Tipp: Im Frühjahr färben Krokusfelder die Weidelandschaft in ein violettes Blütenmeer – vor weißen Alpengipfeln. Mit Seilbahn und Sessellift geht es hinauf. Oben, auf halbem Weg zu den Hütten, serviert das Gasthaus Zeleni rob hausgemachte »štruklji« mit Quarkfüllung.

■ www.velikaplanina.si, Museum: Sommer 10–16 Uhr, 3 €, Seilbahn: Juni–Sept. Mo–

Do 8–18, Fr–So 8–19 Uhr (alle 30 Min.), übrige Zeit Fr–So, retour 21 €, erm. 12/16 €

Logarska dolina

| Landschaft |

Das schmale Logar-Tal gilt als eines der schönsten Gletschertäler Sloweniens. Eingerahmt von den Gipfeln der Kamniker Alpen, zieht es sich über 7 km an Felswänden und Almhütten vorbei. Hier entspringt die Savinja, die am Talende über den 90 m hohen Wasserfall Rinka hinabstürzt. Die Solčava-Panoramastraße (Solčavska panoramska cesta) führt über 37 km an traumhaften Aussichtspunkten vorbei und verbindet drei Gletschertäler. Bei der Taleinfahrt wird eine Öko-Taxe (Pkw: 7 €) fällig. Die Straße schlängelt sich weiter über den Paulitsch-Sattel (Pavličevo sedlo, 1339 m) nach Österreich.

■ www.logarska-dolina.si, www.solcavska-panoramska-cesta.si

3 Kranj

Die Hauptstadt der slowenischen Alpen lockt mit Kultur, Natur und ihrer Wurst

Information

■ TIC, Glavni trg 2, 4000 Kranj, Tel. 04/238 04 50, www.visitkranj.com

Sloweniens viertgrößte Stadt (dt. Krainburg, 57 000 Einw.), besticht durch ihre eindrucksvolle Lage: Der mittelalterliche Kern thront hoch auf einem Felsplateau über dem 30 m hohen, sattgrünen Canyon der Kokra. Diese fließt hier mit der Savinja zusammen und umspült die Altstadt. Der Ausblick fällt auf den höchsten Berg der Kamniker Alpen, Grintovec (2558 m), der zu K.u.k.-Zeiten Kärnten von der Krain trennte.

Sehenswert

Glavni trg

| Ortsbild |

Den autofreien Hauptplatz, Glavni trg, säumen Bürgerhäuser im Stil von Gotik und Renaissance. Das Prešeren-Theater wurde von Jože Plečnik mit einer monumentalen Arkaden-Loge ausgestattet. Ein kleines Museum im Wohnhaus des Nationaldichters France Prešeren, der hier 1849 starb, erinnert an den Poeten. Im früheren Rathaus (Mestna hiša) ist das Regionalmuseum mit Volkstrachten, Bauerntruhen und einer lokalen Kunstgalerie untergebracht. An die dreischiffige Pfarrkirche des hl. Kanzian schließt das Beinhaus an, ein unterirdisches Gräberfeld (Schlüssel im Museum Burg Kishlstein). Eine Aussichtsplattform mit Glasboden beim Café Pungert öffnet einen Panoramablick auf den Kokra-Canyon.

■ Regionalmuseum: Kranjski trg 4, www.gorenjski-muzej.si, Di–So 10–18 Uhr, 3,60 €

Grad Kishlstein

| Museum |

Die hübsch sanierte Burg wurde in die Stadtmauer integriert und ist im Sommer Kulisse für Freilichtkonzerte. Hinter dicken Mauern hütet sie das Regionalmuseum, das u. a. von der Ankunft der Eisenbahn in der Unterkrain erzählt.

■ Tomšičeva ulica 44, www.gorenjski-muzej.si, Di–So 10–18 Uhr, 3,60 €, erm. 2,80 €

Unterirdische Tunnels

| Schutzstollen |

6 *Der Krieg beginnt unter der Altstadt – Gott sei Dank nur akustisch*

Die »Schächte unter dem alten Kranj« (Rovi pod starim Kranjem) sind ein 1,3 km langes unterirdisches Tunnelsystem aus dem Zweiten Weltkrieg, das mit Infotafeln modern aufbereitet wurde. In einem Abschnitt wird sogar ein Bombenangriff akustisch simuliert. Highlights sind die Halloween-Feier und eine Weinmesse im November, die beide im Tunnel stattfinden.

■ Ljubljanska cesta 2, nur geführte Touren (dt., Anmeldung beim TIC) Di, Fr 17, Sa, So 10 Uhr, 7 €, erm. 5 €

Verkehrsmittel

Kranjvaj Der kleine Elektrobus gleitet kostenlos und ganzjährig durch die Innenstadt (8–19.30 Uhr) – einfach anhalten oder anrufen: Tel. 031/38 37 00.

Restaurants

€€ | Gostilna Arvaj Die beste Krainer Wurst gibt's im Traditionsgasthaus an der Brücke über die Kokra. Der frühe Mittagstisch (»malice«) schont die Urlaubskasse. ■ Kajuhova ulica 2, Tel. 04/280 01 00, Mo–Sa 8–23, So 9–16 Uhr

In der Umgebung

Brdo

| Park |

Ein makelloser, 72 ha großer Naturpark mit Alleen, Teichen, Hippodrom, Golfplatz und Orangerie umgibt das Renaissanceschloss Brdo. Das 500 Jahre alte Anwesen nutzte Staatschef Tito zu jugoslawischen Zeiten als Sommerresidenz. Heute kommt hier gerne – in Flughafennähe – hoher Staatsbesuch unter. Im Park darf flaniert werden, Ausritte mit Lipizzanern (15 €/30 Min.) oder Fahrten in der eleganten Kutsche (15€/20 Min.) sind möglich.

■ Predoslje 39, Kranj, www.brdo.si, tgl. Sonnenaufgang bis -untergang, 5 €

4 Škofja Loka

Mittelalterliche Altstadt mit einer Steinbogenbrücke und Burg

Information

■ TIC, Cankarjev trg 17, 4220 Škofja Loka, Tel. 04/517 06 00, www.visitskofjaloka.si

Škofja Loka (12 000 Einw.) mit seinen gepflasterten Gassen und der stolzen Burg gilt als eines der schönsten mittelalterlichen Städtchen Sloweniens. Wo die Flüsse Selška Sora und Poljanska Sora ineinanderfließen, kauern Steinhäuser wie Eulen am hohen Ufer nebeneinander und blicken auf eine malerische Steinbrücke. Das frühere Bischofslack, so der deutsche Name, war eine Domäne der Fürstbischöfe von Freising, die das Gebiet im Jahr 973 von Kaiser Otto geschenkt bekamen und zu einem Mittelpunkt ihres Herrschaftsgebiets ausbauten. Der »Freisinger Mohr«, der den Bischof vor einem Bären gerettet haben soll, ziert bis heute das Stadtwappen.

Sehenswert

Loški muzej

| Museum |

Auf dem grünen Hügel, hoch über der Altstadt, thront die hübsch restaurierte Burg von Škofja Loka aus dem 13. Jh. Sie beherbergt das Regionalmuseum mit einer der besten ethnografischen Sammlungen landesweit. Ausgrabungen, aber auch Alltagskultur wie sportliche Rekorde oder die Geschichte der Passionsfestspiele werden gezeigt. Der Schlossgarten wurde in ein kleines Freilichtmuseum mit Bauernhäusern und Heuharfen umgestaltet.

■ Grajska pot 13, www.loski-muzej.si, Nov.–April Di–So 10–17, Mai-Okt. Di 10–18 Uhr, Juni-Sept. auch Mo, 5 €, erm. 3 €

Mestni trg

| Platz |

Bunte Bürgerhäuser aus dem 16. Jh. reihen sich am oberen Hauptplatz aneinander, darunter auch das Alte Rathaus (Stari rotovž) mit seinem gotischen Innenhof. Fast alle sind von historischer und architektonischer Bedeutung. Die sehenswerte Fassade des Homan-Hauses (Homanova hiša) zieren hübsche Fresken, auf denen der hl. Christophorus dargestellt ist.

Kapucinski most

| Brücke |

Die Kapuzinerbrücke ist die schönste der drei Altstadtbrücken: Ein steinerner Bogen überspannt das Wasser der Selška Sora bereits seit dem Mittelalter. Den perfekten Blick auf dieses Ensemble hat man von der östlich gelegenen Fußgängerbrücke am Busbahnhof.

Parken

In der Nähe des **Kapucinski trg** (Busbahnhof) kann das Auto kostenpflichtig geparkt werden.

Restaurants

€ | **Jesharna** Der Boden ist knusprig, und die Lieblingszutaten für die Pizza kreuzt man einfach selbst an. Das versteckte Lokal findet man am einfachsten, wenn man die Brücke aus Richtung des Busbahnhofs passiert. ■ Blaževa ulica 10, Tel. 04/512 25 61, www.facebook.com/jesharna, Mo 15–23, Di–Do 12–23, Fr, Sa 12–24, So 12–22 Uhr

Events

Passionsspiele Das Kopfsteinpflaster der Altstadt wird nur alle sechs Jahre zur Bühnenkulisse, wenn mehr als 800 Einwohner bei den Passionsspielen mitwirken! ■ www.pasijon.si, nächste Aufführungen März, April ca. 2026

Die steinerne Kapuzinerbrücke in Škofja Loka wurde bereits Mitte des 14. Jh. errichtet

Übernachten

In Ljubljanas Hauptstadt gibt es für jeden Geschmack und Geldbeutel eine Unterkunft. In der Innenstadt kosten die Zimmer zwar ein wenig mehr, dafür kann man das kompakte Zentrum perfekt zu Fuß erkunden. Autofahrer sollten Zufahrts- und Parkmöglichkeiten in eventuell autofreie Innenstadtstraßen von Ljubljana vorab klären. Das Angebot an Hotels in den Alpenstädtchen Kamnik, Kranj und Škofja Loka ist dagegen recht überschaubar.

Ljubljana 66

€–€€ | Ibis Styles Ljubljana Center Stadthotel mit frischem Design: Türöffnen per Smartphone, Gemeinschafts-Lounge mit Kicker und Dachterrasse. Dort befindet sich auch das Öko-Hotel Fuzzy Log mit Schlafkapseln und Dachterrassenzelten. ■ Miklošičeva cesta 9, 1000 Ljubljana, Tel. 031/39 58 69, www.all.accor.com

€€ | City Hotel Geschmackvolles Haus mit 202 Zimmern zwischen Hauptbahnhof und Prešeren-Platz. Gratis-Leihfahrräder, eigene Tiefgarage. ■ Dalmatinova ulica 15, 1000 Ljubljana, Tel. 01/239 00 00, www.cityhotel.si

€€ | Hotel Emonec Hübsch renoviertes Hotel mit 54 Zimmern. Top-Lage in einem ruhigen Hinterhof. Öffentliches Parkhaus fünf Minuten entfernt. ■ Wolfova ulica 12, 1000 Ljubljana, Tel. 01/200 15 20, www.hotel-emonec.com

€€ | Hotel Galleria Historisches Haus in der autofreien Fußgängerzone mit 16 klassisch-zeitlosen Zimmern, allerdings ohne Aufzug. Hübsch angelegter, ruhiger Hotelgarten. Keine Zufahrt mit dem Auto möglich, ein öffentliches Parkhaus liegt etwa fünf Minuten entfernt. ■ Gornji trg 3, 1000 Ljubljana, Tel. 01/14 21 35 60, www.hotelgalleria.eu

€€ | Hotel Mantova Gepflegtes Hotel im Business-Stil nahe der Autobahn, 23 km südwestlich von Ljubljana. Viele Transitgäste auf dem Weg nach Kroatien. Hoteleigenes Café mit hübschem Garten, kostenfreie Parkplätze. ■ Cankarjev trg 6, 1360 Vrhnika, Tel. 01/755 75 24, www.mantova.si

€€–€€€ | Hotel Exe Lev Kongresshotel von 1964 mit 173 Zimmern im Zentrum, weitläufiger Lobby und modernem Frühstücksbereich. Das ehemalige Hotel Lev wurde mit Open-Space-Badezimmern modernisiert. Prominente Gäste: Kirk Douglas, Agatha Christie u. a. ■ Vošnjakova ulica 1, 1000 Ljubljana, Tel. 01/ 308 11 70, www.eurostarshotels.de

€€€ | Best Western Premier Hotel Slon Traditionshotel im Zentrum, 170 Zimmer, mit nostalgischem Charme und exzellentem, ansprechend angerichtetem Frühstücksbüfett in der autofreien Innenstadt (Parkservice). ■ Slovenska cesta 34, 1000 Ljubljana, Tel. 01/470 11 00, www.hotelslon.com

€€€ | Grand Hotel Union Eurostars Hinter Stuck, dicken Teppichen und K.u.k.-Nostalgie verbergen sich 194 geräumige Zimmer. Top-Lage, nur 100 m vom Prešeren-Platz entfernt. ■ Miklošičeva cesta 1, 1000 Ljubljana, Tel. 01/ 308 12 70, www.eurostarshotels.de

Kamnik 76

€ | Bed and Breakfast Mili vrh Rustikal eingerichtete, zweckmäßige Zimmer und üppige Gerichte im hauseigenen Restaurant (Do–Mo). Oberhalb des Zentrums von Kamnik gelegen. ■ Žale 10 a, 1240 Kamnik, Tel. 040/ 20 16 98, www.gostilna-milivrh.si

€€€ | Eco Terme Snovik Kleinerer Thermalbadkomplex mit modernen, komfortablen Zimmern im Tuhinj-Tal, umgeben von Natur. 9 km östl. von Kamnik. ■ Snovik 7, 1219 Laže v Tuhinju, Tel. 01/834 42 21, www.terme-snovik.si

Kranj 79

€ | Hotel Bellevue Angenehmes Hotel auf dem beliebten Ausflugshügel Šmarjetna gora mit wunderbarer Fernsicht und Terrassenlokal. Etwa 3 km außerhalb vom Zentrum. ■ Šmarjetna Gora 6, 4000 Kranj, Tel. 04/270 00 00, www.bellevue.si

€€ | Guesthouse Stari Mayr Traditions-Wirtshaus mit großem Innenhof, das renovierte Zimmer mitten in der Altstadt vermietet. Öffentliche Parkplätze befinden sich gleich in der Nähe. ■ Glavni trg 16, 4000 Kranj, Tel. 04/280 00 20, www.stari-mayr.si

€€ | Hotel Actum Geschmackvolles, neobarockes Interieur mit Retro-Autoteilen als Deko-Elementen. Die Suiten verfügen über einen eigenen Whirlpool. Parkkarte für die Zufahrt in die Fußgängerzone, Parkplatz am Hotel. ■ Prešernova ulica 6, 4000 Kranj, Tel. 05/908 24 00, www.actum-hotel.com

Škofja Loka 80

€ | Hotel Garni Paleta Sehr hilfsbereites Wirtspaar und üppiges Frühstück im neu ausgebauten Gewölbekeller. Tipp: Zimmer mit Flussblick buchen, direkt neben der Kapuzinerbrücke. ■ Kapucinski trg 17, 4220 Škofja Loka, Tel. 041/87 44 27, www.hotel-garni-paleta.si

ADAC Das besondere Hotel

Eine Gefängniszelle? Klingt als Nachtlager wenig einladend. In Sloweniens wohl berühmtestem Hostel, dem **Celica Art**, schläft jedoch niemand auf harten Pritschen. Jede ehemalige Zelle wurde individuell umgestaltet, Doppelzimmer spenden mehr Privatsphäre. In der Lounge-Bar oder in einer Hängematte im Gastgarten lässt es sich prima entspannen. Wie das frühere Gefängnis aussah, dokumentiert eine kleine Ausstellung. Die Lage ist top: mitten im alternativen Metelkova-Szeneviertel.

€–€€ | Metelkova ulica 8, 1000 Ljubljana, Tel. 01/230 97 00, www.hostelcelica.com

Der alpine Nordwesten und das Soča-Tal

Schroffe grauweiße Alpengipfel, romantische Seen, enge Schluchten und eine bewegte Geschichte prägen die Region

Das alpenländische Slowenien gibt sich wildromantisch – mit schäumenden Gewässern, schroffen Felsgipfeln und malerischen Alpenseen in Bled und Bohinj. Herzstück der Region sind die Julischen Alpen, in denen 28 Gipfel höher als 2500 m in den Himmel ragen. Der mächtigste unter ihnen ist der dreigezackte Triglav, nach dem Sloweniens einziger Nationalpark benannt ist. Die Gebirgswelt durchziehen zahlreiche Wanderwege, etwa der Alpe Adria Trail, der Berge und Meer verbindet. Als bekanntester Wintersportort gilt Kranjska Gora, am Dreiländereck zu Italien und Österreich gelegen. Faszinierend ist der smaragdgrüne Fluss Soča, den Rafting-Fans längst für sich entdeckt haben. Die Bergwelt entlang der Soča erinnert mit Freilichtmuseen und Kavernen an die Schlachtfelder am Isonzo. Ein Wanderweg mit »Friedensmission« trägt dazu bei, den Ersten Weltkrieg aufzuarbeiten.

In diesem Kapitel:

ADAC Top Tipps:

Blejsko jezero

| See |

Die »Grande Dame« des slowenischen Tourismus ist ein beliebtes Urlaubsziel – mit bezauberndem Alpensee, einer Inselkirche und einer Felsenburg. 87

Nationalpark Triglav

| Landschaft |

Sloweniens einziger Nationalpark zieht sich quer durch die Alpenwelt – und ist ein Paradies für Wanderer. Der Gipfel des Triglav ist 2864 m hoch. 95

Soča-Tal

| Landschaft |

Intensiv leuchtet das Smaragdgrün des Flusses Soča – und bildet einen wunderbaren Kontrast zu den hellen Felsschluchten. 98

ADAC Empfehlungen:

Vintgar-Klamm
| Gebirgsklamm |
Eine 1893 erbaute Holzgalerie umrundet die spektakuläre Schlucht. 90

Radovljica
| Ortsbild |
Gemütliches Alpenstädtchen mit einer langen Imkertradition. 90

Bohinjsko jezero
| Landschaft |
Frischer Alpensee im Nationalpark Triglav mit Wasserfall und Skiberg. 92

Vršič-Pass
| Gebirgsstraße |
Sloweniens spektakulärste Passstraße windet sich in 50 Spitzkehren. 98

Kobariška zgodovinska pot
| Lehrpfad |
Die erschütternde Geschichte der Isonzo-Schlachten im Ersten Weltkrieg lässt sich zu Fuß erwandern. 101

Hiša Franko, Kobarid
| Restaurant |
In diesem Slow-Food-Restaurant an der italienischen Grenze kocht die »weltbeste Köchin«. 102

5 Bled

Nostalgischer Lieblingsferienort mit Alpensee

Klassisches Postkartenmotiv: Der Bleder See mit der Kircheninsel und der Burg Bled

Information

- TIC, Cesta svobode 10, 4260 Bled, Tel. 04/574 11 22, www.bled.si (den gelben Fußstapfen auf der Straße folgen)
- Besucherzentrum des Nationalparks Triglav, Ljubljanska cesta 27, 4260 Bled, www.tnp.si
- Parken siehe S. 88

Eine Burg auf der Spitze eines schroffen Felsens, ein von hohen Bergen malerisch eingerahmter See mit einer Kircheninsel, komfortable Hotels und Nostalgiecafés – das macht Bled (5000 Einw.) zu einem der beliebtesten Urlaubsorte der Slowenen. Schon der habsburgische Adel kurte gerne in dem Städtchen, das seinerzeit noch Veldes hieß, und Jugoslawiens Staatschef Tito genoss von seiner Villa den unverstellten Seeblick. Alte Traditionen werden bis heute gepflegt: Die »Blejska kremšnita« (Bleder Cremeschnitte) ist legendär, die Pletna-Ruderboote und Fiaker gehören fest zum Ortsbild. Im Sommer wird hier gewandert, im Winter ist Bled ein guter Ausgangspunkt für Skitouren. An Sonn- und Feiertagen sollte man sich auf Autokolonnen am See einstellen, dann scheint halb Ljubljana nach Bled zu rollen.

Plan S. 89

Sehenswert

1 Blejsko jezero

| See |

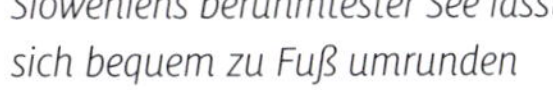

2 *Sloweniens berühmtester See lässt sich bequem zu Fuß umrunden*

Blaugrün schimmert der Bleder See (2 km lang, 1,4 km breit) vor der Alpenkulisse. Ein rund 6 km langer Spazierweg umsäumt das Ufer: Es geht an der Promenade mit ihren Cafés vorbei, am Kongresszentrum, den Pletna-Booten in der Bucht von Mlino, der Tito-Residenz Vila Bled – heute ein Hotel – sowie an der Kirche des hl. Martin unter dem Burghügel. Gehzeit: etwa 90 Minuten.

2 Blejski otok

| Kircheninsel |

Mit der Pletna geht es hinüber zur malerischen Kircheninsel. Von der Anlegestelle führen 99 Steinstufen zur barocken Mariä-Himmelfahrt-Kirche mit Goldaltar und Fresken hinauf. Wer die Wunschglocke in der Kirche läutet, darf hoffen, dass sich sein Wunsch erfüllt. Der Aufstieg auf den 57 m hohen Kirchturm öffnet einen schönen Seeblick. Bei einem Stück »potica« (Nusskranz) im Inselcafé lässt sich gut entschleunigen.

■ Kirche: April, Okt. 9–18, Mai–Sept. 9–19, Nov.–März 9–16 Uhr, 12 €, erm. 8,50 € (Stud.), 5 € (Kinder)

3 Blejski grad

| Burg |

Dramatisch thront die Burg Bled auf einer Felsspitze oberhalb des Sees auf 139 m Höhe – und gehört zu den beliebtesten Postkartenmotiven im Land. Eine Zugbrücke führt in die hübsch restaurierte Burg, die als älteste in Slowenien gilt (1011) und heute gerne für Hochzeiten genutzt wird. Ritterrüstungen im Burgmuseum, eine Burgdruckerei, ein Weinkeller und ein viel gelobtes Restaurant erwarten die Besucher.

■ www.blejski-grad.si, Jan.–März, Nov., Dez. 8–18, April-Okt. 8–20 Uhr, 15 €, erm. 9,50 (Stud.), 6 € (Kinder)

4 Cerkev Sv. Martina

| Kirche |

Unterhalb der Burg gibt es in der neogotischen Pfarrkirche des hl. Martin Marmorskulpturen und bunte Fresken slowenischer Künstler zu bestaunen.

■ Messe tgl. 19, So auch 8 und 10 Uhr

ADAC Mittendrin

Ein Ausflug nach Bled? Eine Fahrt mit dem traditionellen Ruderboot **Pletna** gehört unbedingt dazu, sonst war man nicht in Bled, heißt es. Der Pletnar rudert die hölzerne Gondel mit Sonnenverdeck dabei stehend zur Marieninsel hinüber. Ablegestellen: Zdraviliški park, unterhalb des Hotels Park, in Mlino und Velika Zaka (www.bled.si, Juli–Aug. Mo–Sa 8–21, So 9–18 Uhr, übrige Zeit kürzer, 18 €).

Paviljon Belvedere

| Architektur |

Auf 30 m hohen Säulen thront dieser Bau über dem Seeufer, mit bestem Blick auf die Bleder Insel. Wo heute Torte serviert wird, lud seinerzeit Tito zum Teekränzchen. Auf einem Porträtfoto wacht er über die großflächigen Wandmosaiken nebenan, mit Motiven aus dem Leben von Bauern und Arbeitern. Ursprünglich war der Pavillon von Jože Plečnik für den jugoslawischen König Alexander I. entworfen worden, der 1934 ermordet wurde, und gehört zum Anwesen der Tito-Residenz Vila Bled (S. 104).

■ Cesta svobode 18, www.vila-bled.si, Mai–Sept. tgl. 10–18 Uhr

Verkehrsmittel

Beliebt sind Fahrten mit der **Pferdekutsche** (www.fijaker-bled.si, Seeumrundung ca. 50 €). Mit der **Touristen-Bimmelbahn** lässt sich der See in 45 Minuten umrunden (z. B. Haltestelle Ledena Dvorana, Mai, Okt. 10–17, Juni–Sept. 9–21 Uhr, 6 €, erm. 4 €). **Shuttle-Busse** bringen Wanderer von der Burg Bled zur Vintgar-Klamm oder auf die Hochebene Pokljuka (tgl. rund um den 1. Mai sowie Mitte Juni–Mitte Sept., www.bled.si, 1 €). Kostenlose **E-Bikes** (ab 14 Jahre) nach Online-Registrierung: www.bled.si/en/what-to-do.

Parken

Parkplätze sind in Bled generell kostenpflichtig (z. T. 0–24 Uhr, 1,50–6 €/Std.), oft mit begrenzter Parkzeit. Je näher am See, desto teurer, Sa/So wird es oft sehr voll. Eine interaktive Karte der Stadt zeigt alle Parkplätze und Preise auf: www.bled.si/de/landkarte.

Restaurants

€€ | Gostišče Tulipan Üppige Grillteller – auch Wildschwein oder Gulasch mit Polenta – werden entlang der Hauptstraße serviert. Die »štruklji« schmecken nicht nur Vegetariern. ■ Alpska cesta 8, Bled-Lešče, Tel. 04/5378800, www.tulipan-azman.si, Plan S. 89, östl. c3

€€ | Oštarija Babji zob Das rustikale Gasthaus serviert seinen Gästen traditionelle Gerichte, die hübsch angerichtet werden. ■ Cesta svobode 8, Bled, Tel. 083/810584, www.ostarija-babjizob.si, tgl. 12–23 Uhr, Plan S. 89, c1

Cafés

Kavarna Park Wer die legendäre »kremšnita« nicht probiert, verpasst etwas. Im Café Park (mit Seeblick!) wird das Original seit 1953 gebacken, mehr als 14 Mio. Kuchenstücke wurden seither verkauft: Blätterteig mit Puderzucker, dazwischen eine üppige Schicht Vanillecreme mit Sahne, in Vierecke geschnitten – einfach köstlich! ■ Cesta svobode 15, tgl. 11–22 Uhr, Plan S. 89, c2

Kneipen, Bars und Clubs

Rock Bar Led-Zeppelin-Sound aus dem Lautsprecher, während ein Tomos-Motorrad als Deko dient. Im Sommer werden im Garten Livekonzerte veranstaltet. ■ Ljubljanska cesta 5, Mo–Do 7–24, Fr, Sa 7–1, So 8–24 Uhr, Plan S. 89, c2

Kinder

Mit dem Sessellift geht es ins familienfreundliche Skigebiet Straža auf 642 m Höhe hinauf zum **Pustolovski park Bled**. Im Sommer sorgen die 520 m lange Sommerrodelbahn, ein Kletterpark und Luftkissenspringen für Spaß. ■ Ski/Sommerrodelbahn: www.straza-bled.si, je Fahrt 11 €, erm. 8 €; Adrenalinpark: www.pustolovski-park.si, 18 €, erm. 15 € für 2 Std., Plan S. 89, c3

Sport

Verleih von **Fahrrädern** oder **E-Bikes** etwa bei Helia (Trubarjeva cesta 8, www.helia.si). Schöner **18-Loch-Golfplatz** in Bled-Lešče (www.royalbled.com). Geführte Zweitagestouren auf den **Triglav** organisiert 3glav Adventures (www.3glav.com). Wer den Adrenalin-Kick sucht: Die Zipline **Dolinka** umfasst fünf Seilrutschen mit einer Gesamtlänge von 2,4 km (www.zipline-dolinka.si, Mai–Sept.).

Wandern

Eine kürzere Wanderung (30 Min.) führt auf die steilen **Ojstrica-Felsen** am Westende des Bleder Sees hinauf – mit dem besten Ausblick auf Insel und Burg. Von dort geht es weiter zu den

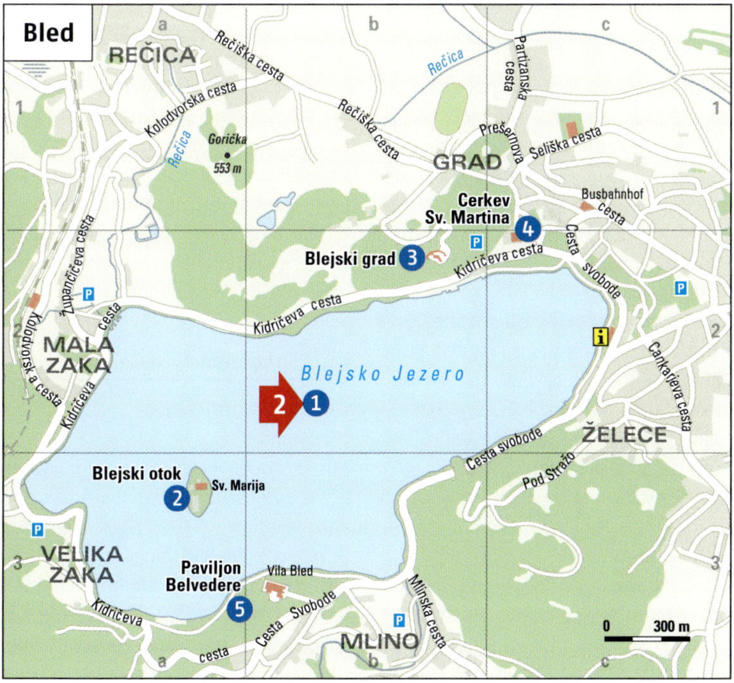

Plan S. 89 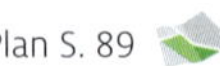

Gipfeln Mala Osojnica und Velika Osojnica. Parkplätze beim Avtokamp Zaka am Westende des Sees (3 €/Std.).

Entspannung

Gebadet wird im **Strandbad** (Grajsko kopališče), direkt unter dem Burgfelsen. ■ Veslaška promenada 11, www.kopalisce-bled.si, Juni, Aug. 9–19, Juli 9–20 Uhr, 10 €, erm. 8 € (Stud.), 6 € (bis 14 Jahre), Plan S. 89, b2

In der Umgebung

Vintgar-Klamm

| Gebirgsklamm |

Eine schmale Felsschlucht über smaragdgrünem Wasser

Spektakulär rauscht der Alpenfluss Radovna durch die Vintgar-Klamm (auch: Soteška Vintgar). Eine 1,6 km lange Holzgalerie von 1893 führt durch die Schlucht. Der Pfad endet beim 13 m hohen Wasserfall Šum, der nach starken Regenfällen imposant schäumt. Auch für jüngere Kinder (ohne Kinderwagen) leicht machbar. Rutschfeste Schuhe empfehlen sich. ■ www.vintgar.si

Pokljuka-Klamm

| Gebirgsklamm |

Nicht ganz so spektakulär wie die Vintgar-Klamm ist die 2 km lange Klamm Pokljuška soteška unweit von Krnica, die bis zu 40 m tief abfällt. Eine Schauhöhle und Felsbrücke über den Fluss Ribščica sind die Highlights. Z. Zt. gesperrt, aktuelle Infos unter www.tnp.si

Pokljuka

| Hochebene |

Die 20 km lange, alpine Hochebene erstreckt sich auf 1300 m Meereshöhe im Südosten des Nationalparks Triglav. An dichten Wäldern, Blumenwiesen und traditionellen Hütten mit Schindeldächern geht es durch das Tal. Im Winter gut zum Langlaufen oder für Schneeschuhwanderungen geeignet.

6 Radovljica

Bezauberndes Bienenstädtchen mit Alpenblick und Schoko-Festival

Information

■ TIC, Linhartov trg 9, 4240 Radovljica, Tel. 04/5315112, www.radolca.si

Radol'ca? Keine Sorge, Sie haben sich nicht verfahren. Die Einheimischen nennen dieses Alpenstädtchen (dt. Radmannsdorf, 6000 Einw.) meist nur verkürzt Radol'ca. Zusammengewürfelte Häuser mit herausgeputzten Fassaden gruppieren sich am beschaulichen Hauptplatz. Von der mächtigen Stadtmauer mit zwölf Türmen ist nur noch ein Teil erhalten. Die Alpen in der Umgebung rahmen den Ort, der für seine Imkerei berühmt ist, hübsch ein. Das Šivec-Haus, ein Bürgerhaus aus dem 16. Jh., birgt einen Laubengang, spätgotische Wohnräume und eine Säulenhalle, die als Kunstgalerie dient.

Sehenswert

Čebelarski muzej

| Museum |

Am zentralen Platz, nach dem »Vater des slowenischen Theaters« Anton Tomaž Linhart (1756–1795) benannt, thront das Barockschloss Thurn (Thurnov grad). Dort zeigt das Imkereimuseum die einschlägige Technik sowie die weltgrößte Sammlung hübsch verzierter Bienenstock-Stirnbretter. Etwa

Solide Holzstege erschließen die eindrucksvolle Natur der Vintgar-Klamm für Besucher

600 Motive gibt es zu sehen, das älteste stammt von 1758. Bei einer Führung (dt.) erfährt man spannende Details. ■ www.mro.si, Di–So 10–18 Uhr, 8 €, erm. 5 €

Restaurants

€€–€€€ Gostilna Lectar Gemütliches Traditionsgasthaus mit regionaler Küche, darunter eine köstliche Pilzsuppe im Brottopf. Im Keller werden in einer Schauwerkstatt traditionelle rote Deko-Lebkuchenherzen gebacken und aufwendig verziert. ■ Linhartov trg 2, Tel. 040/304690, www.lectar.com, tgl. 12–23 Uhr, Lebkuchenmuseum: 2 €, erm. 1 €

Events

Beim **Schokoladen-Festival** Mitte April geht es bei diversen Workshops und vielen Verkostungen himmlisch süß zu. ■ www.festival-cokolade.si

Einkaufen

Honig, Gelee Royal & Co. gibt es im **TIC**. Das Imkereimuseum hat hübsch bemalte Unikate von Bienenstock-Stirnbrettchen im Angebot.

In der Umgebung

Kropa

| Ort |

Auf beiden Seiten eines rauschenden Baches ziehen sich gepflegte Häuser den Hang hinauf. Überall gibt es gusseiserne Geländer oder Skulpturen zu entdecken, die an die Schmiede- und Eisenerztradition von Kropa erinnern. Das Schmiedemuseum kann man sich anschauen, gelegentlich wird in der Schauwerkstatt Vigenc das Handwerk gezeigt (n. Voranmeldung beim Museum). ■ Schmiedemuseum: Kropa 10, www.mro.si, April–Juni, Sept.–Dez. Di–Sa 10–16, Juli, Aug. Di–So 10–18 Uhr, 4 €, erm. 2 €

Das kristallklare Wasser des Bohinjer Sees lädt im Sommer zum Baden ein

Gostilna in muzej Avsenik, Begunje

| Wirtshaus |

Slavko Avsenik (1929–2015) und sein Bruder Vilko (1928–2017) erfanden als die »Original Oberkrainer« die traditionelle slowenische Alpenmusik neu – und feierten damit vor allem im deutschen Sprachraum rauschende Erfolge: mit mehr als 36 Mio. verkauften Alben, darunter der berühmteste Hit »Trompeten-Echo« (»Na Golici«). Enkel Sašo Avsenik führt die Musiktradition nun fort. Am Familiensitz, einem rustikalen Wirtshaus im Straßendorf Begunje na Gorenjskem, treten mittwochs und freitags (April–Okt.) Nachwuchsmusiker auf. Im Museum nebenan sind die Goldenen Schallplatten zu sehen.

■ Begunje 21, Begunje na Gorenjskem, www.avsenik.com, Di–So

Alpski smučarski muzej Elan, Begunje

| Museum |

Slalom im Warmen? Das klappt am Ski-Simulator im Alpinski-Museum am Firmensitz des bekannten Skiherstellers Elan. Eine Ausstellung zeigt die Entwicklung der »Brettl« und Materialien.

■ Begunje 1, Begunje na Gorenjskem, muzej.elanskis.com, Di–Fr 9–17, Sa, So 10–18 Uhr, 4 €, erm. 2,5 €

Tržič

| Ortsbild |

Das malerische Tržič (3900 Einw.) auf dem Weg zum Loiblpass ist für seine Leder- und Schuhtradition bekannt. Im Schustermuseum (Tržiški šuštraji) wird die Geschichte der örtlichen Schuhmacher erzählt, von denen es gar 100 gab. In der denkmalgeschützten Altstadt sind viele Fensterläden und Türen aus Metall, was nach einem Großbrand 1811 angeordnet wurde. Der Ort ist ein guter Ausgangspunkt, um den Storžič zu erklimmen, einen der schönsten Gipfel der Karawanken.

7 Bohinjsko jezero

10 *Ein Bad im Bohinjer See wirkt im Sommer herrlich erfrischend*

Information

■ TIC Bohinj, Stara Fužina 38, 4265 Bohinjsko jezero, Tel. 04/5747590, www.bohinj.si

Mitten im Nationalpark Triglav erstreckt sich das malerische Alpental Bohinj (dt. Wochein). Auf 512 m Meereshöhe mündet es, flankiert von den Berggipfeln Kobla und Vogel im Süden, in den Bohinjer See (Bohinjsko jezero). Der grün-blaue Alpensee, der von der

Savica gespeist wird, zieht sich über 4 km Länge. Viele Privatzimmer und Outdoor-Aktivitäten wie Skifahren, Mountainbiken und Drachenfliegen erwarten die Gäste. Westlich des Sees ist das Dorf Studor, umgeben von Weidewiesen, für seine zahlreichen Heuharfen bekannt. Im Oplen-Bauernhaus wird gezeigt, wie früher am offenen Feuer gekocht wurde.

Sehenswert

Ribčev Laz

| Touristenzentrum |

Die Siedlung Ribčev Laz (150 Einw.), die weitgehend aus Hotels und Apartments besteht, schmiegt sich an das Westufer des Sees: Lieblingsfotomotiv ist die steinerne Seebrücke neben der Pfarrkirche Sv. Janez Krstnik (Johannes der Täufer). Gebadet wird bei höchstens 22 °C Wassertemperatur – wärmer wird der Alpensee nicht.

Planšarski muzej

| Museum |

In der alten Dorfsennerei von Stara Fužina (600 Einw.) wurde bis 1967 Käse produziert. Heute erinnern Butterpressen, Kupferkessel und altes Gerät an das Leben der Hirten und die Almwirtschaft vergangener Tage.

■ Stara Fužina 181, www.bohinj.si, Feb.–Mai, Sept. Di–So 10–12, 16–18, Juli, Aug. Di–So 10–18 Uhr, 3,50 €, erm. 2–3 €

Verkehrsmittel

Ein **Panoramaschiff** pendelt zwischen Ribčev Laz und Ukanc am Westende des Bohinjer Sees. ■ Fahrplan: www.bohinj.si, April–Mitte Sept., 10,50 €, erm. 7,50 €, unter 6 Jahren frei

Ein kostenloser **Skibus** verkehrt im Winter ab dem Hauptort der Gemeinde, Bohinjska Bistrica (6 km vom See entfernt), u. a. ins Skigebiet Vogel. ■ Fahrplan: www.bohinj.si

Parken

Mit der **Bohinj Summer Mobility Card** (25 €/3 Tg.) kann man kostenlos parken und den Bus rund um den See gratis nutzen (April–Okt.). Die Karte ist bei der TIC und in ausgewählten Unterkünften erhältlich.

Im Blickpunkt

Bienchen, summ ...

Slowenien pflegt eine lange Imkereitradition. Köstlicher Honig aus Alpenblüten, Akazien oder Linden wird nur vielerorts feilgeboten, darüber hinaus wird die Bienenzucht jedoch auch in Form des sanften Tourismus vermarktet: »Api-Tourismus« heißt der neue Trend, bei dem in Bienenhäusern übernachtet wird – mit Aromatherapie oder Honigmassage. Als Vorreiter der modernen Imkerei gilt der Slowene Anton Janša (1734–1773), der unter Maria Theresia am Wiener Hof als Imkermeister tätig war und Direktor der ersten kaiserlichen Bienenschule wurde. Auf Janša geht der Krainer Bauernstock zurück, ein Bienenstock mit abnehmbaren, bunt bemalten Stirnbrettern. Janšas Geburtstag, der 20. Mai, wurde von den Vereinten Nationen zum Weltbienentag erklärt.

Restaurants

€ | Gostilnica Štrud'l Der Name ist in diesem Traditionslokal Programm: Wer Strudel, Palatschinken und andere Mehlspeisen mag, findet hier sein Gaumenglück. ■ Triglavska cesta 23, Bohinjska Bistrica, Tel. 041/541877, www.facebook.com/gostilnica.trgovinica.strudl

Events

Beim **Kuhball** am dritten Sonntag im September wird das mit Blumen geschmückte Vieh von den Bergen ins Tal getrieben, umrahmt von einem bunten Volksfest mit Wein, Käse und Blasmusik. ■ www.tdbohinj.si, 5 €

ADAC Mobil

Wer von Bohinjska Bistrica gen Süden nach Most na Soči möchte, kann den Bergpass **Bohinjsko sedlo** – mit hübscher Aussicht – nehmen. Bequemer geht es via Autoverladung durch den 6,3 km langen **Bohinjski predor**, der bei seinerErbauung 1904 noch »Wocheiner Tunnel« hieß (ab 14 €/Pkw, bis zu 6-mal tgl., Tickets vor Ort). Ein absolutes Highlight ist eine Nostalgiefahrt mit der **Wocheiner Bahn**. Die historische Dampflok benötigt gut drei Stunden von Jesenice nach Nova Gorica über die spektakuläre steinerne Solkan-Bogenbrücke (Solkanski most). Die Fahrten werden mit **Busfahrt** durch die Weinlandschaft Goriška Brda angeboten. Seit der Coronapandemie hat der Museumszug jedoch Zwangspause. Aktuelle Termine unter www.socavalley.com.

Sport

In **Ribčev Laz** werden Kajaks, Kanus, SUP-Boards, Fahrräder und Skiausrüstung vermietet. ■ www.alpinsport.si
Fahrräder (35-40 €/Tag) z. B. bei Hike & Bike in Bohinjska Bistrica.
■ www.hikeandbike.si.

In der Umgebung

Slap Savica

| Wasserfall |
Sloweniens wohl berühmtester Wasserfall Savica rauscht zunächst 38 m fast senkrecht an einer Felswand hinunter, ehe er die letzten 51 m im freien Fall hinabstürzt. Dabei wird er von einem kleineren Wasserfall (25 m) begleitet. Von der Berghütte Koča pri Savici geht es auf über 500 Treppenstufen hinauf. Der Nationaldichter France Prešeren verewigte den Savica-Wasserfall in seinem bekanntesten Gedicht: »Krst pri Savici« (»Die Taufe an der Savica«).
■ www.bohinj.si, April–Juni 8–19, Juli, Aug. 8–20, Sept.–Nov. 8–17 Uhr, 4 €, erm. 2 €

Peč

| Aussichtspunkt |
Der schönste Seeblick öffnet sich bei Peč auf 720 m Meereshöhe. Von der Brücke folgt man im Dorf Stara Fužina den Schildern ortsauswärts, der Fußmarsch dauert etwa 25 Minuten.

Korita Mostnice

| Schlucht |
Der Alpenfluss Mostnica hat sich seinen Weg durch das Voje-Tal (Dolina Voje) geschliffen. Die Rundwanderung durch die 2 km lange und 20 m tiefe Schlucht führt ab Stara Fužina am Fluss

Der größere der beiden Wasserfälle der Savica überwindet eine Höhe von 79 m

entlang. An der steinernen Teufelsbrücke (Hudičev most) soll Luzifer eifrig mitgebaut haben, so überliefert es die Legende. Am Ende des stellenweise sehr schmalen Tals stürzt der Mostnica-Wasserfall (Slap mostnice) hinab. Im rustikalen Wirtshaus Okrepčevalnica Slap Voje nebenan wird ein köstlicher Apfelstrudel serviert. Wanderschuhe empfehlen sich!

■ Rundweg ab Stara Fužina ca. 3–4 Std., www.bohinj.si, 4 €, erm. 2,50 €

Vogel

| Berg |

Vom beliebten Ski- und Wanderressort auf 1535 m Meereshöhe öffnet sich ein schöner Panoramablick auf den Bohinjer See, das Bergmassiv des Triglav und die Kamniker Alpen. Die Panoramagondel startet in der Nähe von Ukanc am Westufer des Sees, von Ribčev Laz kommend linker Hand.

■ www.vogel.si

8 Nationalpark Triglav

Spektakuläre Berggipfel und steile Felstäler unter Naturschutz

Information

■ www.tnp.si, Zugang zum Nationalpark kostenfrei, siehe auch Bled, S. 86

Sloweniens einziger Nationalpark (Triglavski narodni park) erstreckt sich in den Julischen Alpen. Er nimmt fast 4 %

ADAC Mittendrin

Jeder Slowene sollte einmal den **Triglav** bestiegen haben, daher machen sich vor allem am Wochenende viele Wanderer auf, um den »Nationalberg« zu erklimmen, der auch im Staatswappen auftaucht.

der gesamten Staatsfläche ein und reicht von Kranjska Gora im Nordwesten über Bled im Westen fast bis nach Tolmin im Süden. Namensgebend ist sein höchster Gipfel, der dreigezackte Triglav, wörtlich »Dreikopf«, der mit 2864 m der höchste Berg Sloweniens ist. Malerische Gebirgstäler, Wasserfälle, Gletscherseen und felsige Berglandschaften zeichnen die geschützte Region aus. Einige endemische Pflanzenarten wie die Zois-Glockenblume, aber auch bedrohte Tierarten wie das Alpenmurmeltier, der Steinbock und sogar Skorpione sind hier zu Hause.

Nur wenige Straßen führen in den Nationalpark, etwa ab Bled oder Mojstrana. Wanderer sollten zwei Tage bis zum Gipfel einplanen, ein ortskundiger Guide empfiehlt sich (Vermittlung durch die Infozentren des Nationalparks in Bled, Stara Fužina und Trenta).

Wandern

Ab Mojstrana geht es durch das Vrata-Tal (Dolina Vrata) – mit Blick auf den Triglav – zum Wasserfall **Peričnik**. Dieser gefriert im Winter zu einer faszinierenden Wand aus vielen Eiszapfen, an denen sich Wagemutige mit Steigeisen entlanghangeln.

9 Kranjska Gora

Berühmter Wintersportort im Dreiländereck nahe Italien und Österreich

Information

- TIC, Kolodvorska ulica 1c, 4280 Kranjska Gora, Tel. 04/580 94 40, www.kranjska-gora.si

Das Alpendorf (dt. Kronau, 1400 Einw.) in der Gorenjska/Oberkrain im äußersten Nordwesten des Landes ist Sloweniens berühmtester Wintersportort. Bis tief ins Frühjahr wirken die schroffen Gipfel noch wie mit Puderzucker bestäubt. Wer hier absteigt, kommt zum Wandern oder Skifahren. Die Landschaft ist die Hauptattraktion, abgesehen von einer spätgotischen Kirche im Zentrum

Kranjska Gora ist mit 18 Skipisten Sloweniens wichtigstes Wintersportzentrum

ADAC Mittendrin

Man sieht sie überall in Slowenien: Holzgestelle zum Trocknen von Getreide, Mais oder Heu. Solche Harpfen werden **»kozolci«** oder **»toplari«** genannt und galten einst als Statussymbol. Beim Dorf Gozd Matuljek, zwischen Jesenice und Kranjska Gora, prägen besonders viele Heuharfen die Landschaft – und sind ein beliebtes Fotomotiv.

von Kranjska Gora. Die touristische Infrastruktur ist gut, es gibt komfortable Hotels und Restaurants.

Parken

Ein zentraler, gebührenpflichtiger **Parkplatz** liegt in der Kolodvorska cesta.

Restaurants

€€ | Restavracija Kotnik Üppige Balkan-Grillteller oder Calamari-Tris serviert das rustikale Hotelwirtshaus. Die Pizzeria Pino nebenan gehört dazu. ■ Borovška cesta 75, Tel. 04/5881564, www.hotel-kotnik.si

Sport

Vom Ortsrand pendeln Sessel- und Schlepplifte auf den Skiberg **Vitranc** mit 18 Pisten und Rodelbahn (1215 m Meereshöhe). Im Sommer gehört der **Bike Park Kranjska Gora** an den Hängen des Vitranc den Mountainbikern. Hinauf geht es mit dem Sessellift. In der Umgebung locken 270 km markierte Radwege. ■ Ski- und Snowboardkurse: www.intersport-bernik.com; MTB: www.bike-park.si, Tageskarte 40 €

In der Umgebung

Slovenski planinski muzej

| Museum |

Das moderne Alpinismusmuseum ist in Mojstrana zu Hause, einem beliebten Ausgangspunkt für Wanderungen auf den Triglav. Mit stimmungsvollen Filmen werden – durchaus auch kritisch – die Alpenwelt, Umweltschutz und der Tourismus beleuchtet.

■ Triglavska cesta 49, Mojstrana, www.planinskimuzej.si, Juni–Mitte Sept. tgl. 9–19, Mitte Sept.–Mai tgl. 9–17 Uhr, 6 €, erm. 3,60 €

Jezero Jasna

| See |

Den Gamsbock Zlatorog (»Goldhorn«) kennt in Slowenien jedes Kind. Sein lebensgroßes Bronzedenkmal thront auf einem Felsen am Ufer des Jasna-Sees, zwischen Kranjska Gora und dem Vršič-Pass. Zlatorogs goldene Hörner sollen der Schlüssel zu einem verborgenen Schatz in den Julischen Alpen sein. Wurde der Bock verletzt, wuchsen sofort Triglav-Rosen aus der Erde, die er fraß und dadurch geheilt wurde, so weiß es die Legende. Fasst man die blank polierten Beine der berühmten Skulptur an, soll sich ein Wunsch erfüllen. Am Ufer lässt es sich zu jeder Jahreszeit prima spazieren gehen.

ADAC Wussten Sie schon?

In Planica, 7 km westlich von Kranjska Gora, wellt sich die zweitgrößte **Skisprungschanze** der Welt. Der Ort nahe dem Dreiländereck Slowenien–Italien–Österreich ist für seine Skicup-Wettbewerbe international bekannt (www.planica.si).

ADAC Mobil

An seinen Spitzkehren verläuft der **Vršič-Pass** manchmal recht eng. Bei Nässe kann das Kopfsteinpflaster in den Kurven der Nordseite – vor allem für große Wohnmobile – zur Rutschpartie werden. Fuß weg vom Gas heißt es besonders am Wochenende, wenn viele Radfahrer über den Pass strampeln. Von Oktober bis Anfang Mai – je nach Schneemenge – ist der Vršič-Pass gesperrt. Über Tarvis in Italien geht es dann von Kranjska Gora nach Südslowenien (Auslandsnutzung bei Mietwagenbuchung beachten).

Vršič-Pass

| Gebirgspass |

50 eindrucksvolle Serpentinen schrauben sich über den Berg

Die spektakulärste und höchste Passstraße Sloweniens, Prelaz Vršič, windet sich ab dem Jasna-See auf 1611 m Meereshöhe in die Bergwelt hinauf. Sie verbindet den Wintersportort Kranjska Gora im Norden mit Trenta im Süden. Ab 1915 bauten russische Kriegsgefangene diese Trasse zur Versorgung der Soldaten in den Schlachten am Isonzo.

Gefällt Ihnen das?

Sie mögen kurvenreiche Gebirgsstraßen? Die Stichstraße auf den **Mangart-Pass** bei Bovec (S. 100) führt in Serpentinen hinauf. Schön ist auch der Bergpass **Bohinjsko sedlo** (Bohinjer Sattel, S. 94) von Bohinjska Bistrica nach Podbrdo (Vorsicht, Holzlaster!) und weiter nach Most na Soči im Süden.

50 spitze und nummerierte Serpentinen führen über den imposanten Bergsattel, vorbei an mehreren Hütten. Die Russische Kapelle (Ruska kapelica) mit Holzschindeln erinnert als Mahnmal an bis zu 400 Kriegsgefangene und Wächter, die bei einem Lawinenunglück ums Leben kamen. Kurz vor dem Sattel, bei der Erjavec-Hütte (Erjavčeva koča), taucht auf einer Felswand das »Heidnische Mädchen« (Ajdovsko dekle) auf. Am Botanischen Garten Alpinum Juliana (Mai–Sept. 8.30–18.30 Uhr) vorbei, wo alpine und Karst-Vegetation wächst, erscheint das Denkmal des Bergsteigers Julius Kugy (1858–1944), der als Erschließer der Julischen Alpen gilt. Von dort ist es nicht mehr weit bis zum Triglav-Besucherzentrum in Trenta.

10 Soča-Tal

Sloweniens Smaragdfluss lockt mit Wildwasser-Abenteuern

Die smaragdgrüne Soča bahnt sich ihren 140 km langen Weg durch hellgraue Felsschluchten vom Triglav-Nationalpark im Norden bis Nova Gorica, wo sie als Isonzo nach Italien übergeht. Dabei schimmert die Schlucht (Dolina Soče) mal smaragdgrün, mal türkisfarben – in überwältigenden Farben! Wild rauschend ist die Soča längst zum Lieblingsfluss vieler Kajak-, Rafting- und Kanu-Fans geworden. Das Soča-Tal mit seinen Klammen und Trögen zieht sich vom Nationalpark Triglav bis zu den drei größeren Orten Bovec, Kobarid und Tolmin. Im Winter kann man auf dem nahen Berg Kanin (2587 m), der das Soča-Tal vom Reschental in Italien trennt, prima Ski fahren. Die malerische Region ist jedoch auch von vielen Mahnmalen und Schützengräben durchzogen, die an die erbitterten Schlachten am Isonzo erinnern, die hier im Ersten Weltkrieg tobten.

Sehenswert

Izvir Soče

| Quelle |

Die Quelle der Soča entspringt auf der Südseite des Vršič-Passes, in der Nähe der Koča pri izviru Soče (»Hütte bei der Soča-Quelle«). Von dort ist es ein 15-minütiger Spaziergang entlang des Soča-Wanderweges zur Quelle.

Informacijsko središče TNP, Trenta

| Besucherzentrum |

In Trenta, auf halbem Weg zwischen Vršič-Pass und Bovec, informiert das Besucherzentrum über den Nationalpark Triglav. In einer Ausstellung werden den Besuchern die Geologie und Natur der Region nähergebracht.

■ Trenta, www.tnp.si, 5 €, erm. 3,50 €

Wandern

Der **Soča-Weg** gilt als ältester Wanderpfad im Nationalpark Triglav. Von der Quelle der Soča geht es 23 km am Fluss entlang bis nach Bovec über atemberaubende Schluchten und Brücken. Wanderschuhe nicht vergessen!

■ www.soca-valley.com

11 Bovec

Freundlicher Lieblingsort von Aktivurlaubern und Rafting-Fans

Information

■ TIC, Trg golobarskih žrtev 47, 5230 Bovec, Tel. 05/302 96 47, www.soca-valley.com

Beim Wildwasser-Rafting auf der Soča sind Adrenalinkicks garantiert

Bovec (1600 Einw.) ist die Hochburg der Outdoor-Fans im Soča-Tal, mit Rafting, Kajak, Mountainbiken und Skifahren. Hauptsehenswürdigkeit ist die Natur, die Infrastruktur für Urlauber ist gut: Rund um den Trg golobarskih žrtev gruppieren sich Cafés, Restaurants und Anbieter von Sport- und Outdoor-Aktivitäten. In der Gegend gibt es mehrere Campingplätze.

Restaurants

€ | **Bovška kuhn'ca** Authentisches Street Food gibt es an diesem Stand auf dem Hauptplatz. Die Pilze sind aus den umliegenden Wäldern, die Zucchini aus dem Garten. Verzehren darf man die Gerichte in der benachbarten Kafebar. ■ Glavni trg, www.boveckitchn.com, Mi, Do 16–20, Fr–So 12–20 Uhr.

Sport

Mehrere Anbieter haben sich auf Kanufahrten, Rafting, Kayaking und Mountainbiking spezialisiert, z. B. **Soča Rider** (Industrijska cona 4a, www.socarider.com) oder **Aktivni Planet** (Trg golobarskih žrtev 19, www.aktivniplanet.si). Broschüren für Wander- und Radstrecken gibt es beim TIC.

In der Umgebung

Slap Boka

| Wasserfall |

Einer der höchsten Wasserfälle Sloweniens beeindruckt vor allem im Frühjahr mit viel Schmelzwasser aus den Bergen: Imposant rauschen große Wassermengen über 100 m hinab. Vom Restaurant führt ein schöner Waldweg in 15 Minuten zu einer Aussichtsplattform – ideal für einen Zwischenstopp.

Kanin

| Berg |

Wenn anderswo in Slowenien schon T-Shirts ausgepackt werden, kann man auf dem Kanin vielleicht noch skifahren. Hinauf auf 2200 m Meereshöhe, nahe dem Predil-Pass und der italienischen Grenze, geht es in drei Abschnitten: mit der Seilbahn, dem Schlepp- und Sessellift. Wer will, fegt die Piste grenzüberschreitend ins italienische Skigebiet Selle Nevea hinab. Mit Rodelbahn, Beschneiungsanlage, Skiverleih.

■ www.kanin.si

Mangart-Pass

| Passstraße |

Die Stichstraße auf den Mangart-Sattel schlängelt sich durch mehrere kurze, jedoch unbeleuchtete Tunnels hinauf. Nach 12 km ist Schluss. Vom Parkplatz geht es noch einmal 600 Höhenmeter zum Gipfel hinauf. Auf 2679 m Meereshöhe verspricht der Mangart, mit bewirteter Hütte, eine wunderbare Fernsicht auf Jerebica, Rombon und andere Gipfel. Im Sommer sind viele Biker und Radfahrer unterwegs, auf der ohnehin schmalen Straße kann es dann noch enger werden. Bei der Auffahrt wird eine kleine Maut fällig.

Tvrdnjava Kluže

| Festung |

Das mächtige Fort, 4 km nordöstlich von Bovec in Richtung Predil-Pass, wurde 1882 von den Habsburgern errichtet. Während der Isonzo-Schlachten (siehe Kasten, S. 101) diente die Festung als Gefängnis. Neben der Lokalgeschichte liegt ein Fokus der Ausstellung auf der Natur- und Tierwelt des Triglav.

■ Ravni Laz 16, Bovec, www.kluze.net, Juni–Sept. tgl. 10–17 Uhr, Uhr, 4 €, erm. 3 €

12 Kobarid

Ein Ort der Erinnerung und gegen das Vergessen im umkämpften Soča-Tal

Information

■ TIC, Trg svobode 16, 5222 Kobarid, Tel. 05/380 04 90, www.soca-valley.com

■ Besucherzentrum des Friedensweges (Pot Miru), Gregorčičeva ulica 8, 5222 Kobarid, Tel. 05/389 01 67, www.potmiru.si

Eingebettet in eine herrliche Bergkulisse liegt mitten im Soča-Tal Kobarid (1100 Einw.). Im Ersten Weltkrieg wurden in der Nähe die Isonzo-Schlachten (siehe Kasten, S. 101) geführt. Ernest Hemingway, der hier als junger Sanitäter tätig war, schrieb seine Erlebnisse im Roman »In einem anderen Land«

Im Blickpunkt

Ein trauriges Kapitel Weltgeschichte: die Schlachten am Isonzo

Das Soča-Tal (ital. Valle d'Isonzo) war im Ersten Weltkrieg Schauplatz erbitterter Kämpfe: In zwölf Schlachten, die rund 1 Mio. Tote, Verwundete und Vermisste forderten, standen sich Österreich-Ungarn und Italien in der Gebirgsregion ab 1915 gegenüber. Erst die zwölfte und letzte Offensive im Oktober 1917 brachte den Durchbruch und das Vordringen bis an den Piave. Die Schlacht ging als »Wunder von Karfreit«, so der deutsche Name von Kobarid, in die Geschichtsbücher ein. In der Region erinnern Schützengräben und Soldatenfriedhöfe an dieses dunkle Kapitel der Vergangenheit. Freiwillige engagieren sich gegen das Vergessen und haben 1990 das Kriegsmuseum in Kobarid gegründet und u.a. einen Geschichts- sowie einen Friedenslehrpfad ausgearbeitet.

nieder. Dabei erwähnt er u.a. die Pfarrkirche am zentralen Trg svobode von Kobarid. In den vergangenen Jahren sind in der Umgebung einige sehr gute Slow-Food-Restaurants entstanden.

Sehenswert

Kobariški muzej

| Museum |

In diesem modernen privaten Kriegsmuseum dreht sich alles um die Schlachten an der Isonzo-Front. Viele Waffen, Fotos, Tagebücher und persönliche Gegenstände der Soldaten wurden zusammengetragen. Ein sehr informativer Kurzfilm (auch auf Deutsch) und ein 3-D-Panorama-Relief gehören zu den Highlights der Ausstellung.

■ Gregorčičeva ulica 10, www.kobariski-muzej.si, Juli, Aug. 9–20 Uhr, sonst kürzer, 8 €, erm. 6 €

Kobariška zgodovinska pot

| Lehrpfad |

12 *Auf den Spuren von Kobarids bewegter Vergangenheit wandern*

Der 5 km lange historische Lehrpfad führt am Beinhaus (Kostnica), in dem die Gebeine von 7014 italienischen Soldaten aus dem Ersten Weltkrieg ruhen, vorbei. Es erhebt sich unterhalb der Kirche Sv. Anton (17. Jh.) und hat einen ungewöhnlichen achteckigen Grundriss. Dann geht es zum Festungshügel Tončov grad mit den Überresten einer spätantiken Höhensiedlung und an Schützengräben vorbei. Über die Soča gelangt man zum malerischen Kozjak-Wasserfall und über die Napoleon-Brücke wieder zurück nach Kobarid.

Kolovrat

| Freilichtmuseum |

Ein Teil der dritten italienischen Verteidigungslinie der Isonzo-Front wurde zu einem Freilichtmuseum umfunktioniert: Auf dem Kolovrat-Kamm (1115 m Meereshöhe) wandert man an Stellungen, Kavernen und einem Netz von Schützengräben aus dem Ersten Weltkrieg vorbei. Das Freilichtmuseum ist grenzüberschreitend, auf italienischer Seite geht es weiter. Anfahrt: bei Idrsko in Richtung Livek und Livske Ravne, dort bis zum Kamm des Kolovrat.

■ PDF-Landkarte zum Download auf www.potmiru.si

Slap Kozjak

| Wasserfall |

Der weiß schimmernde Wasserfall Veliki Kozjak stürzt 15 m steil an einer dunklen Felswand hinab in eine Höhle mit smaragdgrünem Wasser. Ein Wanderweg führt an einer Hängebrücke über die Soča vorbei zur Aussichtsplattform. Anreise: Auf dem Geschichtslehrpfad ab Kobarid oder mit dem Auto, 30 Minuten Fußweg ab dem kostenpflichtigen Parkplatz nahe der Napoleon-Brücke. ■ www.soca-valley.com, Juni–Aug tgl., Mai–Sept. Fr–So, April/Okt Sa/So, 5 €, erm. 4 € (Stud.), 3 € (Kinder) plus Parkgebühr.

Restaurants

13 **€€€ | Hiša Franko** Mit Zutaten aus dem eigenen Garten oder von Bauern aus der Umgebung kocht Ana Ros am liebsten. Seit sie in einer Netflix-Kochserie mitgewirkt hat und 2017 zur »weltbesten Köchin« gekürt wurde, pilgern noch mehr Slow-Food-Anhänger in ihr Restaurant. Reservierung erforderlich (Menü 255 €). ■ Staro Selo 1 (3 km westl. von Kobarid), Tel. 05/389 41 20, www.hisafranko.com, Mo, Di geschl.

Einkaufen

Mlekarna Planika Molkereiladen mit guter Auswahl an lokalen (Bio-)Produkten wie Alpen-Kräutertees, Honig, Schnäpsen. Das firmeneigene Molkereimuseum liegt nebenan, mit Infofilm, alten Butterfässern, Melkeimern und Quarkschaufeln. ■ Gregorčičeva ulica 32, www.mlekarna-planika.si

Sport

Rafting-Touren entlang der Soča können z. B. bei X Point gebucht werden. ■ Trg svobode 6, www.xpoint.si

Wandern

Der Fernwanderweg **Pot Miru** (»Weg des Friedens«) führt an Kriegsschauplätzen und Freilichtmuseen vorbei. ■ www.potmiru.si

Bei Kanal ob Soči zwängt sich die türkisfarbene Soča durch eine Trogschlucht

13 Tolmin

Sprungbrett für Natur- und Geschichtsfans im unteren Soča-Tal

Information

■ TIC, Mestni trg 6, 5220 Tolmin, Tel. 05/380 04 80, www.soca-valley.com

Die Kleinstadt Tolmin (dt. Tolmein, 3800 Einw.) breitet sich zu Füßen des Bergs Vodel im Soča-Tal aus. Die schönsten Gebäude gruppieren sich um den Mestni trg, darunter das Stadtmuseum, in dem einst die Grafen Coronini residierten. Viele Bauwerke wurden jedoch durch ein Erdbeben und im Ersten Weltkrieg zerstört. In der Umgebung gibt es viele Kriegsdenkmäler für die Gefallenen der Isonzo-Schlachten, darunter die Deutsche Kriegsgräberstätte Tolmin südlich der Stadt, in der 946 deutsche Soldaten bestattet wurden. Die Soča fließt in der Umgebung von Tolmin ruhiger, daher bevorzugen Rafting-Anfänger eher diese Gegend.

Verkehrsmittel

Shuttlebusse verkehren Juli/August zwischen Tolmin und den Tolminer Klammen (2 €). Autoverladung in Most na Soči (siehe ADAC Mobil, S. 94).

Restaurants

€–€€ | Restaurant Labrca Gemütliches, großes Holzhaus mit Terrasse und Spielplatz an der Soča. Günstiger Mittagstisch (auch vegetarisch) sowie klassische Gerichte wie Schlickkrapfen (»žlikrofi«) und gegrillte Forelle. ■ Volče 87 (1 km westl. von Tolmin), Tel. 051/63 42 55, tgl. 11–22 Uhr

Sport

Das Outdoorcenter **Maya** organisiert u. a. Rafting-Touren auf der Soča. ■ Volče 87c (im Restaurant des Camps Labrca), Tel. 051/31 29 72, www.maya.si

In der Umgebung

Akumulacijsko jezero, Most na Soči

| Stausee |

Die Soča weitet sich bei Most na Soči zu einem künstlich angelegten Stausee mit schönen Spazierwegen. Das Ausflugsschiff »Ladja Lucija«, einem Mississippi-Raddampfer nachempfunden, tuckert auf dem Wasser entlang. ■ www.ladja-lucija.si, Mai, Juni, Sept. nur So, Juli, Aug. tgl., 10 €, erm. 5–7 € (nur Barzahlung).

Kanal ob Soči

| Ortsbild |

Neben der steinernen Doppelbogenbrücke in Kanal ob Soči (dt. Kanalburg) drängen sich bunte Häuser und die Mariä-Himmelfahrt-Kirche (Marijinega vnebovzetja) am Ufer mit mediterranem Flair. Im Sommer stürzen sich hier Brückenspringer in die Soča. ■ TIC Kanal ob Soči: www.tic-kanal.si

Tolminska Korita

| Schlucht |

An den südlichsten Ausläufern des Nationalparks Triglav zwängt sich die Tolminka durch schmale, steil aufragende Schluchten – die Tolminer Klammen. Ein gut ausgebauter Rundweg führt in 1,5 Stunden durch die Trogschlucht zur Teufelsbrücke, 60 m über dem Wasser, zum Bärenkopf-Felsen zwischen zwei Felswänden und zu »Dantes Höhle«. ■ März–Nov., Eintritt je nach Saison 6–10 €

Übernachten

Bled ist für gehobenen Tourismus bekannt, auch einfachere Hotels kosten hier gerne ein wenig mehr als anderswo. Dafür ist das Angebot groß: Rund 4000 Betten stehen zur Verfügung. Zu Ostern, rund um den 1. Mai, im Sommer und zu Neujahr unbedingt rechtzeitig buchen! Rund um den Bohinjer See gibt es viele Privatunterkünfte, vor allem in der Siedlung Ribčev Laz. Das Wintersportressort Kranjska Gora bietet mehrere sehr komfortable Unterkünfte, in den kleineren Städtchen ist das Angebot dagegen oftmals überschaubar. Wer zum Rafting ins Soča-Tal reist, findet dort einige Campingplätze, aber auch Privatunterkünfte.

Bled 86

€€ | **Best Western Premier Hotel Lovec** Geschmackvoll eingerichtete Zimmer im Zentrum von Bled. Fußläufig sind es nur wenige Minuten zum Seeufer, Parkplätze sind kostenlos. Tipp: ein Zimmer mit Seeblick buchen. Sehr gutes Frühstücksbüfett. ■ Ljubljanska cesta 6, 4260 Bled, Tel. 04/620 41 00, www.lovechotel.com

€€ | **Hotel Savica Garni** Familienfreundliches Hotel mit 103 Zimmern und 14 Apartments in Seenähe. Es gibt einen Spielbereich, und Gäste genießen freien Eintritt ins nahe gelegene Wellnesszentrum Živa. Kostenfreie Parkplätze. ■ Cankarjeva cesta 6, 4260 Bled, Tel. 04/579 19 00, www.sava-hotels-resorts.com

€€€ | **Vila Bled** Das gehobene Traditionshotel mit direktem Seezugang war einmal Titos Residenz. In der Orangerie, wo früher der Nachmittagstee serviert wurde, steht heute ein Billardtisch. Im Paviljon Belvedere, von Jože Plečnik gestaltet, werden »kremšnite« mit wunderbarem Panorama-Seeblick serviert. ■ Cesta svobode 18, 4260 Bled, Tel. 04/575 37 10, www.vila-bled.si

Radovljica 90

€€ | **Linhart Hotel** Neueres, elegantes Haus in einem alten Palais aus dem 17. Jh. mit schönem Interieur und Restaurant mit neuer slowenischer Küche. Am Hauptplatz gelegen. ■ Linhartov trg 17, 4240 Radovljica, Tel. 059/18 75 47, www.hisalinhart.si

Bohinjsko jezero 92

€€ | **Hotel Bohinj** Einfache, geräumige Unterkünfte, teils mit Balkon und schönem Alpenblick. Solides Preis-Leistungs-Verhältnis. ■ Ribčev Laz 45, 4265 Bohinjsko jezero, Tel. 059/76 44 01, www.hotelbohinj.si

€€ | **Hotel Center Pokljuka** Berghotel inmitten schöner Natur, an einer Biathlon-Trasse gelegen. Mit Sauna und Restaurant. ■ Srednja Vas v Bohinju 165 a, 4267 Srednja vas v Bohinju, Tel. 04/532 00 00, www.center-pokljuka.si

€€€ | **Bohinj ECO Hotel** Luxuriöses Haus mit Designermöbeln und nachhaltigem Konzept. Die Nutzung des Aquaparks ist in einigen Zimmerkategorien eingeschlossen. ■ Triglavska cesta 17, 4264 Bohinjska Bistrica, Tel. 08/200 41 40, www.bohinj-eco-hotel.si

Kranjska Gora 96

€ | **Pension Cvitar** Familiengeführte Pension mit großzügig geschnittenen, zweckmäßigen Zimmern, rustikalem Restaurant und hoteleigenen Parkplätzen im Zentrum. ■ Borovška cesta 83, 4280 Kranjska Gora, Tel. 04/588 36 00, www.cvitar.com

€€ | **Špik** Komfortables Wellnesshotel, eingebettet in eine traumhafte Alpenlandschaft. Mit Swimmingpools, Saunen, Beauty-Anwendungen, Halbpension, Spielplatz, Parkplätzen. Etwa 5 km östl. von Kranjska Gora. ■ Jezerci 21, 4282 Gozd Martuljek, Tel. 04/587 71 00, www.hotelspik.com

Bovec 99

€€ | **Hotel Boka** Modernes, stilvolles Holzdesign, 20 Zimmer, einige mit Balkon, teilweise wunderbarer Bergblick. Kostenfreier Ski-Shuttle. 6 km westl. von Bovec. ■ Žaga 156 a, 5224 Srpenica, Tel. 05/384 55 52, www.hotelboka.si

€€ | **Hotel Sanje ob Soči** Stylisch modernes Holzhaus mit erfrischendem Interieur, schöner Terrasse und kleinem Wellnessbereich in traumhafter Natur. Je 3 km zur Soča und zum Kanin-Skigebiet. ■ Mala Vas 105 a, 5230 Bovec, Tel. 05/389 60 00, www.sanjeobsoci.com

Kobarid 100

€€ | **Hotel Hvala** Familiengeführtes, modernes Hotel am Hauptplatz mit empfehlenswertem Restaurant Topli Val (Di–So). ■ Trg svobode 1, 5222 Kobarid, Tel. 05/389 93 00, www.hotelhvala.si

Tolmin 103

€€ | **Hotel Dvorec** Komfortable Unterkunft mit 50 renovierten Zimmern in der Ortsmitte, freundliches Personal, kein Aufzug. Kostenloser öffentlicher Parkplatz in der Nähe, absperrbare Garage für Motorradfahrer. ■ Mestni trg 3, 5220 Tolmin, Tel. 05/382 11 00, www.hoteldvorec.com

ADAC Das besondere Hotel

Wer hat als Kind nicht davon geträumt, mal in einem Baumhaus zu übernachten? Das geht im **Green Village Bled**: Holzstufen mit Geländer führen hinauf in die Baumhäuser aus Naturholz. Auf einer kleinen Veranda davor wird gegessen. An kühleren Tagen kommt ein Heizsystem zum Einsatz. Lieber auf dem Boden bleiben? Die moderne Anlage hat auch Luxuszelte mit Stockbetten, die an Lodges erinnern.
€€€ | Cesta Gorenjskega odreda 16, 4260 Bled, Tel. 041/60 62 57, www.gardenvillagebled.com

Der Karst und der Südwesten

Bezaubernde Tropfsteinwelten verstecken sich unter der Erdoberfläche, die hier so porös ist, dass schon mal ein ganzer See versickert

Ein poröser Boden, der Seen versickern und Höhlendecken einstürzen lässt, die sich später als Dolinen in die Landschaft einbetten: Die slowenischen Karstwelten in der Region Primorska halten viele spannende Naturphänomene bereit. Wunderbare Tropfsteinhöhlen, darunter die weltberühmte Postojnska jama oder die UNESCO-gekrönten Höhlen Škocjanske jame mit einem unterirdischen Canyon, versprechen echte Abenteuer. Zur weltgrößten Höhlenburg Predjama ist es nicht weit: Sie verblüfft mit unterirdischen Gängen tief im Inneren eines Felsens. In Idrija geht es ebenfalls ins Erdreich – in einen alten Quecksilberstollen.

So schroff der Karst stellenweise wirkt, so wunderbare kulinarische Spezialitäten bringt er hervor: luftgetrockneten Karstschinken, aber auch feine kleine Weingegenden wie die Goriška Brda oder das Vipava-Tal, das Slow-Food-Fans längst schon für sich entdeckt haben. Als schönstes Karstdorf gilt Štanjel, das zu jugoslawischen Zeiten verlassen war und nun mit winzigen, dicht gebauten Häusern und einem terrassenförmigem Parkgarten Besucher willkommen heißt.

In diesem Kapitel:

ADAC Top Tipps:

Postojnska jama
| Tropfsteinhöhle |
In Sloweniens berühmteste Touristenattraktion geht es mit der Höhlenbahn. Und im Erdreich lebt der wundersame Grottenolm – aber nur dort, wo ihn niemand zu Gesicht bekommt. 114

Škocjanske jame
| Tropfsteinhöhle |
Die UNESCO-geschützte Höhlenwelt ist atemberaubend: Besucher wandeln durch einen Canyon, hoch über einem unterirdischen Fluss, zwischen Stalaktiten und Stalagmiten. 116

ADAC Empfehlungen:

Goriška Brda
| Landschaft |
Die »Slowenische Toskana« besticht mit vorzüglichem Wein. 108

Štanjel
| Ortsbild |
Das Karstdorf thront wie ein Adlerhorst über den Ferrari-Gärten. 111

Predjamski grad, Predjama
| Höhlenburg |
Unter einer steilen Felswand duckt sich die mächtige Höhlenburg mit vielen unterirdischen Gängen. 116

Die sanften Hänge von Goriška Brda sind eine wichtige Weinbauregion

14 Goriška Brda

Malerische Hügel mit einer langen Kirsch- und Weinbautradition

Information

■ TIC, Šmartno 13, 5211 Kojsko, Tel. 05/395 95 95, www.brda.si

Die »Slowenische Toskana«, wie die 72 km² große Weinbauregion Goriška Brda (dt. Görzer Hügelland) auch genannt wird, wellt sich sanft: Hier ein Hügel, auf dem ein altertümliches Dörfchen thront, dort ein Weinkeller, der auf Anfrage seine Tore öffnet. In den Tälern schimmern Olivenbäume, an den Hängen wachsen pralle Weinreben. Wer im Juni unterwegs ist, passiert leuchtend rote Kirschbäume – lange das Aushängeschild der Region, die unmittelbar an Italien grenzt und dort ins Weinanbaugebiet Collo übergeht. Das malerische Dörfchen Šmartno lohnt einen Bummel.

Sehenswert

Grad Dobrovo

| Schloss |

Das restaurierte, quadratische Renaissanceschloss (1606) in Dobrovo ist ein Treffpunkt für Kunstliebhaber und Genießer: Hier logiert das TIC, mehrere Kunstsammlungen, u. a. mit Werken von Zoran Mušič, aber auch ein gepflegtes Restaurant mit Terrasse. Eine Weinverkostung gehört zu den Dingen, die man in der Region unbedingt erleben sollte. Es gibt 50 teils sehr kleine Erzeuger, deren Tropfen in der Vinoteka Brad im Schloss Dobrovo verkostet werden.

■ Grajska cesta 10, Dobrovo; Museum z. Zt. wegen Umbau geschlossen, Infos unter www.goriskimuzej.si

Šmartno v Brdih

| Ortsbild |

Das Dörfchen Šmartno (200 Einw.) thront wie ein Adlerhorst auf einer Erhebung und wurde im 14. Jh. erstmals erwähnt. Reste einer mittelalterlichen Stadtmauer schirmen den schmucken Ortskern von der Außenwelt ab.

ADAC Spartipp

Ein wenig versteckt ist die Zufahrt zum **Aussichtsturm** auf einem Hügel bei Gonjače (beschildert). Eine Wendeltreppe aus Beton windet sich hinauf und öffnet einen wunderbaren Ausblick über die Hügellandschaft – kostenlos!

Events

Kirschenfest Die Kirschen aus der Region Brda waren schon bei den Kaiserinnen Maria Theresia und Sisi beliebt. Gefeiert werden die süßen Früchte in der ersten Junihälfte mit Verkostungen, Musik und Kirschwanderungen.

15 Nova Gorica

Sloweniens geteilte Stadt an der Grenze zu Italien ist Symbol des neuen Europa

Information

■ TIC, Kidričeva ulica 11, 5000 Nova Gorica, Tel. 05/330 46 00, www.turizem-novagorica-vipavskadolina.si

Nova Gorica, eine sozialistische Planstadt, war Titos Antwort auf den Vertrag von Paris: Dieser schlug 1947 das alte Gorizia Italien zu, viele Dörfer blieben bei Jugoslawien und ohne Verwaltungszentrum. Prompt baute Jugoslawien das »Neue Görz« direkt an die Grenze, mit vielen Parks, Grünflächen und modernen Häuserblöcken. So lebten die Bewohner zwar dicht beinander, aber erst mit dem Schengen-Abkommen entfielen die Grenzkontrollen. Sehenswürdigkeiten in der Stadt gibt es kaum – im Gegensatz zum italienischen Gorizia, mit Burg, Kathedrale und Palazzi, das einen Besuch lohnt. Dafür blüht der Spielcasino-Tourismus in Nova Gorica und lockt viele italienische Gäste an.

Sehenswert

Trg Evrope
| Platz |
Der Europaplatz vor dem Bahnhof ist das Symbol der »Wiedervereinigung«: Früher verlief hier die Grenze zwischen Italien und Jugoslawien. Ein großes Bodenmosaik dominiert den Platz, die Straßen verlaufen sternförmig in alle Richtungen. Das Bahnhofsgebäude im K.u.k.-Sezessionsstil von 1906 verblieb

Die Grenze Sloweniens mit Italien verläuft über den Europaplatz in Nova Gorica

Die Solkan-Brücke ist eine der größten gemauerten Eisenbahn-Bogenbrücken der Welt

nach der Grenzziehung bei Jugoslawien. Heute dokumentiert hier ein kleines Museum (Muzejska zbirka Kolodvor) die Geschichte der geteilten Stadt von 1945 bis 2004 mit rotem Stern, Flaggen und Fotos vom Grenzalltag.

■ Mo–Fr 13–17, Sa, So Sommer 12–19, Winter 12–17 Uhr, www.goriskimuzej.si

Grad Kromberk

| Schloss |

Die fast quadratisch angelegte Burg Kromberk mit ihren vier Ecktürmen beherbergt das Ethnografische Museum, das die Geschichte der Grenze vor 2004 erzählt. Das Slow-Food-Restaurant Grajska klet serviert slowenische Spezialitäten auf sehr ansprechende Weise. Ein gepflegter Schlosspark umgibt die hübsch restaurierte Anlage.

■ Grajska cesta 1, Kromberk, Restaurant: www.gradkromberk.si, Tel. 05/3027160, Mi–Sa 12–15, 19–22, So 12–17 Uhr, Museum: www.goriskimuzej.si, Mai–Okt. Di–Fr 10–18, So 12–20, Nov.–April Di-Fr 9–17, So 10–18 Uhr, 4 €, erm. 2 €

Casinos

Perla Wer sein Glück im Spielcasino versuchen will, findet im Hotel Perla 400 Spieltische und über 1000 Automaten vor. ■ Kidričeva ulica 7, www.perla-novagorica.com

In der Umgebung

Solkanski most

| Brücke |

Mit einer Hauptspannweite von 85 m gilt die Solkan-Brücke (auch: Salcano-Brücke) als eine der weltgrößten Brücken, die aus gehauenem Stein gefertigt wurden. Sie zieht sich seit 1906 über die Soča, die »Wocheiner Bahn« rauscht über die malerische Trasse. Mehr als 4500 Steinblöcke aus Muschelkalk wurden eingearbeitet.

Samostan Kostanjevica

| Kloster |

Hübscher Klostergarten mit Bourbon-Rosenblüten, die im Stadtwappen von Nova Gorica auftauchen. In einer Krypta ruht der französische Bourbonen-König Karl X., der 1836 während eines Aufenthalts in Gorizia starb. Nicht mit Kostanjevica na Krki (wörtlich »an der Krka«) verwechseln! ■ Škrabčeva ulica 1, www.samostankostanjevica.si, Klosterbücherei und Grab: Mo–Sa 9–12, 15–17, So 15–17 (nur Grab Uhr, je 2 €.

16 Vipava-Tal

Malerische Weinanbauregion mit vorzüglichen Winzern und Weinkellern

Information

■ TIC, Glavni trg 3, 5271 Vipava, Tel. 05/368 70 40, www.vipavskadolina.si

Das Vipava-Tal erstreckt sich westlich des Nanos-Gebirgszugs (1313 m). Vor kalten Winden geschützt, gedeihen hier vorzügliche Weine – ein Ort für Genießer, die gern bei den Winzern entlang der Weinstraße einkehren. Über dem Hauptort Vipava (dt. Wippach, 1800 Einw.) thront seit 1762 ein Barockschloss. Mit Weinbergen und Pinien wirkt die Landschaft bereits mediterran.

ADAC Mittendrin

Osmice, wörtlich »Achter«, sind eine Art Buschenschank, in der Erzeuger zwei Mal pro Jahr jeweils acht Tage lang ihren Wein und andere hausgemachte Spezialitäten verkaufen dürfen. Das Recht kam unter Maria Theresia nach Slowenien und ist nach wie vor beliebt, etwa im Vipava-Tal. Adressen unter www.vipavskadolina.si.

ADAC Spartipp

Malica (»die Kleine«) ist eine frühe und günstige Mittagsmahlzeit in Gasthäusern – oft ein Eintopf. Meist ist die »malica«, die früher Arbeitern vorbehalten war, nur von 10.30 bis 12 Uhr erhältlich. Viele Restaurants bieten auch ein Mittagsgericht, das »kosilo« genannt wird. Achten Sie auf entsprechende Schilder vor den Lokalen.

Restaurants

€€€ | Gostilna Podfarovs Das Restaurant mit Terrasse am Wasser bietet Degustationsmenüs (Reservierung erforderlich). ■ Ulica Ivana Ščeka 2, Vipava, Tel. 05/ 366 52 17, www.podfarovz.si, Mi–So 12–22 Uhr

In der Umgebung

Štanjel

| Ortsbild |

Malerisches Karstdorf mit dicht gedrängten Häusern

Das romantische Karstdorf Štanjel (ital. San Daniele) thront wie ein Adlerhorst auf einem 363 m hohen Hügel. Zu jugoslawischen Zeiten fast unbewohnt, wurden die Natursteinhäuser in den vergangenen Jahren hübsch restauriert. Überragt werden sie von einem mächtigen Wehrturm und der Kirche des hl. Daniel (Sv. Danijel) mit Spitzturm. Im restaurierten Schloss lohnt sich die Galerie des Malers und Grafikers Lojze Spacal (1907–2000). An der

Museumsrezeption bekommt man auch den Schlüssel für das typische Karsthaus mit altem Gerät. Hübsch sind die von Maks Fabiani angelegten terrassenförmigen Ferrari-Gärten, die sich östlich der Stadtmauer den Hang hinunterziehen (Eintritt frei).

■ TIC, Štanjel 1a, 6222 Štanjel, www.visitstanjel.si; Lojze-Spacal-Galerie: Juli–Sept. 10–18, Okt.–Apr. 16–16 Uhr, 5 €, erm. 3 €, Karsthaus: gleiche Öffnungszeiten, 3 €, Schlüssel beim TIC

Grad Rihemberk

| Burgruine |

Die Ritter von Reichenberg waren ab 1188 die ersten Besitzer der eindrucksvollen Burg. Mit Zinnen und Wehrturm thront die Anlage, die auch Grad Branik genannt wird, über dem Branica-Tal. Im Ersten Weltkrieg wurde das kostbare Burgarchiv verheizt, im Zweiten Weltkrieg sprengten Partisanen die Anlage, um zu verhindern, dass sich die Wehrmacht hier niederließ. ■ April–Nov., nur Sa/So., www.rihemberk.com, 6 €, erm. 3 €.

17 Idrija

Beschauliches Bergarbeiterstädtchen mit berühmter Klöppeltradition

Information

■ TIC, Prelovčeva ulica 5, 5280 Idrija, Tel. 05/374 39 16, www.visit-idrija.si

Eingebettet in die südlichen Ausläufer der Julischen Alpen, schmiegt sich das Bergwerkstädtchen Idrija (6000 Einw.) in ein Tal. Das Flüsschen Idrijca schlängelt sich durch die Stadt, die ebenso für ihre Schlickkrapfen (»žlikrofi«) wie die Spitzenkunst bekannt ist. Eine Klöppelschule wird seit 1876 gepflegt. Die erste Quecksilbermine wurde hier bereits im Jahr 1500 in Betrieb genommen und war bis zu ihrer Stilllegung 1990 das weltweit zweitgrößte Quecksilberwerk. Dass Idrija im späten Mittelalter zu den reichsten Städten in Europa gehörte, spürt man in dem beschaulichen Provinzstädtchen kaum noch.

Über viele Jahrhunderte prägte der Abbau von Quecksilber das Städtchen Idrija

ADAC Wussten Sie schon?

Die Bergwerkstradition von Idrija hat ihre Schattenseiten: Mehr als **700 km** lange **Gänge** durchziehen die Unterwelt auf 15 Ebenen. Damit die Erde nicht einbricht, wird viel Geld in die Wartung investiert. Die unteren Grubenteile wurden inzwischen bereits geflutet.

Sehenswert

Grad Gewerknegg

| Schloss |

Wenn abends die Arkaden im Innenhof des Schlosses beleuchtet sind, wirken sie besonders stimmungsvoll. Mit Renaissance- und Barockelementen versetzt, war der Prunkbau oberhalb der Stadt ab 1520 Sitz der Bergwerksverwaltung. Heute zeichnet das Stadtmuseum (Mestni muzej) die Geschichte der Quecksilbergewinnung mit altem Gerät auf. Filigrane Spitzen erzählen die lange Handarbeitstradition von Idrija.

■ Prelovčeva ulica 9, www.muzej-idrija-cerkno.si, tgl. 10–19 Uhr, 5 €, erm. 3 €

Antonijev rov

| Bergwerk |

Tief unter der Erde wurde jahrhundertelang Quecksilber abgebaut. Ehemalige Bergarbeiter führen heute durch den Antonius-Stollen, den ältesten Abschnitt des Quecksilberbergwerks. Um 1500 angelegt, gilt er sogar als einer der ersten Bergwerkseingänge in Europa. Nach einem Info-Film geht es, mit Helm und Schutzanzug ausgestattet, tief unter die Erde. Eine unterirdische Kapelle begrüßt die Besucher.

■ Kosovelova ulica 3, www.cudhg-idrija.si, 15 €, erm. 2–12 €

Im Innenhof von Schloss Gewerknegg finden im Sommer Kulturevents statt

Kamšt

| Wasserrad |

Das größte hölzerne Wasserrad Europas hat einen Durchmesser von 13,6 m. Ab 1790 pumpte es 163 Jahre lang Wasser aus dem Quecksilberstollen, heute ist es ein beliebtes Ausflugsziel inmitten schöner Natur. Vodnikova ulica 20, Anmeldung im Schloss

Events

Spitzenfestival von Idrija, Mitte Juni, mit Schauklöppeln und Workshops. ■ www.festivalidrijskecipke.si

Faschingsbrauch Laufarija (von dt. »Lauferei«) in Cerkno: Der »pust« muss, wie bei uns der Winter, für alles büßen. ■ Feb., März, www.visitcerkno.si

In der Umgebung

Partizanska bolnica Franja

| Freilichtmuseum |

Im Partisanenlazarett Franja, nach einer Leiterin benannt, wurden ab 1943 verwundete Partisanen – aber auch der Feind – gepflegt. Gut versteckt im Wald gab es einen Operations- und Röntgenraum sowie Krankenzimmer. Vom Parkplatz 15 Minuten zu Fuß.

■ Dorf Dolenji Novaki bei Cerkno, www.muzej-idrija-cerkno.si, April–Sept.; z Zt. wegen Renovierung geschlossen

18 Postojnska jama

Weltberühmte Karsthöhle mit einem unterirdischen Postamt

Information

■ TIC, Jamska cesta 9, 6230 Postojna, Tel. 05/720 16 10, www.tdpostojna.si

Sloweniens größte Touristenattraktion versteckt sich tief unter der Erde. Die Höhle von Postojna (auch Adelsberger Grotte) umfasst ein mächtiges System an Tropfsteinhöhlen, das seit schätzungsweise 2 Mio. Jahren den Untergrund durchzieht. Schon der Universalgelehrte Valvasor beschrieb die Höhle im 17. Jh., die große Überraschung folgte 1818: Damals entdeckte ein Höhlenarbeiter erst das wahre Ausmaß – über 20 km Gänge. Nur ein Viertel ist jedoch für Besucher freigegeben. Die ersten 3 km geht es mit der Höhlenbahn hinein, dann folgen noch 2 km zu Fuß, nach Sprachgruppen aufgeteilt. In gut 200 Jahren waren mehr als 38 Mio. Besucher in der Höhle, um die unzähligen Stalagmiten und Stalaktiten zu bestaunen, und die Postojnska jama ist seit 1883 elektrisch beleuchtet – ein ganzes Jahrzehnt vor Ljubljana! An Regentagen im Sommer wird es rappelvoll, dann sollte man etwas Geduld mitbringen. Warme Kleidung nicht vergessen (8–10 °C). Die Führung dauert 1,5 Stunden.

■ Jamska cesta 30, Postojna, www.postojnska-jama.eu, Mai–Sept. tgl. 9–17/18, sonst 10–15/16 Uhr 29,90 €, erm. 17,90 €

Sehenswert

Vivarium Proteus

| Museum |

In der Postojnska jama versteckt er sich vor den Besuchern, hier bekommt man ihn zu Gesicht: den Grottenolm (slow. »človeška ribica«, wörtlich: »Menschen-

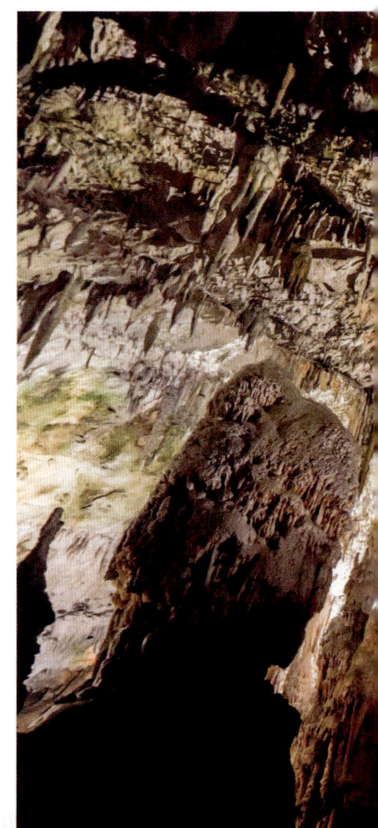

fischlein«), ein lurchartiges, blindes Wesen, das bis zu 100 Jahre alt wird und mehrere Jahre ohne Nahrung auskommen kann, sich aber nur langsam vermehrt. Um so besonderer, dass im Labor des Vivariums vor wenigen Jahren erstmals Jungtiere geschlüpft sind.

■ Auf dem Höhlengelände, www.postojnska-jama.eu, 11,50 €, erm. 6,90 €

Expo Postojna Cave Karst

| Museum |

Wunderbare Retro-Poster erinnern an die Anfänge des Tourismus in der Grotte, die mehr als 200 Jahre zurückliegen. Die wichtigsten Karst-Phänomene werden in dieser Ausstellung ebenfalls anschaulich erklärt.

ADAC Spartipp

Es gibt ein **Kombiticket** für die Höhle von Postojna, die Höhlenburg Predjamski grad, Vivarium, Expo und Schmetterlings-Ausstellung, z.Zt. 50,90 € (statt 64,60 €) im Juli und August.

■ Auf dem Höhlengelände, www.postojnska-jama.eu, 11,50 €, erm. 6,90 €

Parken

Es befindet sich eine gebührenpflichtige, große **Parkfläche** vor dem Höhleneingang.

Eine Wunderwelt der Stalaktiten und Stalagmiten: die Tropfsteinhöhle von Postojna

ADAC Wusstens Sie schon?

Das tiefste **Postamt** der Welt befindet sich im Inneren der Höhle. In einem kleinen Glaskubus werden Postkarten verkauft, in der Ecke wartet ein kleiner gelber Briefkasten auf Post. Trotz Selfie-Zeitalter ist der Höhlenstempel auf der Karte bei Fans noch begehrt.

Verkehrsmittel

Im Juli und August verkehren kostenlose **Shuttlebusse** zwischen dem Bahnhof Postojna und der Höhle.

Events

Eine **lebendige Weihnachtskrippe** ist vom 24. Dezember bis zum 2. Januar in der Tropfsteinhöhle zu sehen.
Beim Mittelalterfest **Erasmus Tournament** geht es vor der Höhlenburg von Predjama ritterlich zu.

In der Umgebung

Predjamski grad

| Höhlenburg |

Spektakuläre, uneinnehmbare Burg mit geheimem Höhlensystem

Die Höhlenburg von Predjama duckt sich seit gut 800 Jahren unter einer 123 m hohen, steilen Felswand beim Dörfchen Predjama. Ein Höhlensystem mit 14 km langen Geheimgängen zieht sich ins Hrušica-Gebirge hinein: Über die Gänge wurde der Raubritter Erasmus von Luegg über ein Jahr lang versorgt, als die Triestiner die Burg belagerten. Ein Diener verriet ihn jedoch. Das moderne Burgmuseum präsentiert Ritterrüstungen und alte Waffen.

■ Mai, Juni, Sept. 9–18, Juli, Aug. 9–19, sonst mindestens 10–16 Uhr, Sommer 18,80 €, Höhle unter der Burg 12,50 €

Pivka jama

| Tropfsteinhöhle |

Die Pivka-Höhle lässt sich von Postojna aus auf einer Wanderung erreichen. Rund 300 Stufen führen in einen 65 m tiefen Einsturztrichter hinab, der 2 km lange Besuchergang ist beleuchtet. Die Karsthöhle wurde vom Fluss Pivka geschaffen, ihre unterste Ebene führt durch die Črna jama (»Schwarze Höhle«). Der Zugang befindet sich bei einem Campingplatz.

■ Veliki otok 50 (3 km nördl. von Postojna), www.postojnska-jama.eu, Juli 9 Uhr, Mai/Juni, Aug/Sept. nach Vereinbarung

19 Škocjanske jame

Unterirdischer Canyon, durchzogen von einem tosenden Fluss

Information

■ Park Škocjanske jame, Matavun 12, Divača, www.park-skocjanske-jame.si, Höhlenführung Juni–Sept. tgl. zu jeder vollen Stunde 10–17 Uhr, übrige Zeit kürzer, Dauer: 2 Std., 24 €, erm. 12,50 €, in der Nebensaison günstiger

Eindrucksvolle Tropfsteinwelten beeindrucken in den Höhlen von Škocjan, die seit dem Jahr 1986 zum UNESCO-Welterbe gehören. Weniger Besucher, keine Höhlenbahn, sondern 3 km Fußweg durch das Erdinnere – das unterscheidet sie von der berühmteren Postojnska jama. Faszinierend ist der Karstfluss

Spektakulär rauscht der Karstfluss Reka durch das Höhlensystem von Škocjan

Reka, der durch einen 140 m tiefen unterirdischen Canyon rauscht. Eine 40 m lange Brücke überspannt den tosenden Fluss. Die Reka versickert übrigens und taucht erst an der italienischen Adriaküste, in der Umgebung von Duino, wieder auf. Der Rundweg mündet in einer Einsturzdoline. Rutschfeste Schuhe und warme Kleidung werden empfohlen (ganzjährig 12 °C). Mit einem Lift geht es schließlich wieder hinauf. Ein rund 2 km langer Karstlehrpfad führt durch die Dörfer Matavun, Škocjan und Betana.

Verkehrsmittel

Ab dem Bahnhof **Divača** 3 km Fußweg, oder man nimmt von Mai bis Oktober den kostenlosen Shuttlebus.

Im Blickpunkt

Die slowenische Küche: bodenständig und üppig

Die slowenische Esskultur ist vielfältig: Alpen-, Mittelmeer- und Balkanküche haben einen großen Einfluss. Jede Region hat ihre eigenen, meist bodenständigen Gerichte. Es gibt durchaus einige bemerkenswerte Slow-Food-Restaurants im Land – am besten isst man jedoch in einer Gostilna, einem einfachen Wirtshaus. Die Zutaten sind dort meist saisonal, bisweilen stammen sie auch aus dem eigenen Garten – und die Portionen sind meist sehr üppig.

Eine Mahlzeit beginnt in Slowenien gerne mit einer Pilz- oder Rinder-Nudelsuppe. Aus dem Karst stammt luftgetrockneter Prosciutto, »pršut«, ein hauchdünner Schinken. Der Salat – gerne mit steirischem Kürbiskernöl angemacht – wird zum Hauptgericht serviert. Dieses besteht meist aus Fleisch, Würsten oder Huhn, serviert mit Kartoffeln oder Sauerkraut. Eine beliebte Beilage – für Vegetarier auch als Hauptgericht mit Käse überbacken – ist »polenta«, Buchweizen- oder Maissterz. Auch »štruklji«, eine Art salziger Käsestrudel, sind eine Empfehlung. Frischen Fisch gibt es an der Küste, die großen und beliebten Marmorata-Forellen im Soča-Tal. Aus der Balkanküche konnten sich die Hackfleischröllchen Ćevapčići durchsetzen. Eintöpfe (»enoločnica«) sind ebenfalls beliebt, etwa der istrische Sauerkraut-Bohnen-Topf »jota«.

Die Mehlspeisen sind in bester K.u.k.-Backtradition gehalten, beispielsweise »kremšnite« (Cremeschnitten), »krofi« (Krapfen), »štrudelj« (Strudel) oder »palačinke« (Palatschinken). »Potica« ist ein Festtags-Gugelhupf, etwa mit gehackten Walnüssen – über 80 verschiedene Füllungen gibt es. Köstlich und sehr aufwendig ist die »prekmurska gibanica«, eine Art warmer Strudel mit vier Schichten aus Mohn, Äpfeln, Walnüssen und Rosinen.

Zum Essen wird gern Wein getrunken, lokale Sorten aus Istrien sind der rote Teran und Refošk oder der weiße Malvazija. Im Osten sind Šipon (Furmin), Traminec (Traminer) oder Lažki rizling (Welschriesling) eine Empfehlung. Die lokalen Biere von Mikrobrauereien, die im Kommen sind, haben viele Anhänger. Radenska, das Mineralwasser mit den drei Herzen, ist das beliebteste und berühmteste im Land. Cockta heißt hingegen die »Jugo-Cola«, nur ohne Koffein.

20 Cerkniško jezero

Ein geheimnisvoller Sickersee: im Herbst da, im Sommer komplett verschwunden

Information

■ TIC, Dolenje Jezero 68, 1380 Cerknica, Tel. 031/66 82 23, www.notranjski-park.si

Sehenswert

Cerkniško jezero

| Sickersee |

Im Sommer liegen die Ruderboote im Cerkniško jezero (dt. Zirknitzer See) auf brauner Erde. Dann ist kaum vorstellbar, dass sich die poröse Poljen-Landschaft in einen der weltgrößten Sickerseen verwandeln kann: Der bis zu 10 km lange und 5 km breite See im Grünen Karst schwillt nach starken Regenfällen im Frühjahr oder Herbst auf bis zu 30 km^2 an – und gilt dann als größter See Sloweniens. 276 Vogelarten wurden hier gezählt. In einem kleinen Museum (Muzej Jezerski hram) werden an einem Modell die hydrologischen Vorgänge im See erklärt. ■ Museum: Dolenje jezero 1e, Cerknica, www.jezerski-hram.si, Sa 11 und 15, So 11 Uhr, 9 €, erm. 7 €

Rakov Škocjan

| Doline |

Die 2,5 km lange Schlucht, die seit 1949 ein Naturreservat ist, war ursprünglich eine Karsthöhle: Als die Decke einstürzte, entstand die Doline. Der namensgebende Fluss Rak hat die Felsen glatt geschliffen und zwei etwa 40 m hohe Naturbrücken geformt, an denen ein Naturlehrpfad vorbeiführt. Hier wurden 1964 Szenen von »Winnetou II« gedreht. Stellenweise ist es steil und rutschig (gutes Schuhwerk!).

Periodisches Gewässer: Je nach Jahreszeit dehnt sich der Cerkniško jezero aus

Križna jama

| Tropfsteinhöhle |

Die Unterwelt, in der sich über 8 km Länge 22 Seen aneinander reihen, lässt sich zu Fuß oder mit einer geführten Kleingruppe im Schlauchboot erkunden. ■ Grahovo, www.krizna-jama.si, April–Okt. tgl. 15, Juli–Sept. auch 9, 11, 13, 17, Nov–März nur Sa/So 15, April–Juni, Okt. auch Sa/So 11 Uhr, Dauer: 4 Std., 12 €, erm. 8 €

Grad Snežnik

| Schloss |

Das würfelförmige Schloss Schneeberg, nach dem gleichnamigen Gipfel in der Nähe benannt, erhebt sich im Loška-Tal. Die hübsche Renaissancefassade wurde um Außentürme und eine Steinbrücke erweitert. ■ Kožarišče 67, Stri trg pri Ložu, www.nms.si, Sommer 10–17 Uhr, sonst kürzer, 8 €, erm. 4 €

Übernachten

Wer individuelle Unterkünfte mag, wird im Karst und in den malerischen Weinregionen Vipava und Goriška Brda fündig: kleine Boutique-Hotels, liebevoll restaurierte Steinhäuser und Privatzimmer bei freundlichen Vermietern – alles vorhanden. In den Weinregionen haben sich viele Gastwirte auf Genussurlauber spezialisiert und bieten, neben einer familiären Unterkunft, Slow Food und Weinproben auf ihrem Anwesen. Die meisten Urlauber kommen aufgrund der Karsthöhlen, entsprechend beliebt – und ein klein wenig teurer – sind Unterkünfte rund um Postojna. Nicht zuletzt ist Nova Gorica, das »Las Vegas Europas«, ein Mekka für Spielcasino-Fans: Viele italienische Gäste quartieren sich hier ein, um ihrer Leidenschaft zu frönen, und in den Hotels wird gerne ein »süßes Frühstück« serviert.

Goriška Brda 108

€€ | Hiša Marica Stilvoll modernisiertes altes Steinhaus mit rustikalen Möbeln mitten im Dorf Šmartno. In der Weinbar wird hauseigener Karstschinken serviert. Zufahrt zum Be- und Entladen möglich, Parkplätze vor der Stadtmauer. ■ Šmartno 33, 5211 Kojsko, Tel. 05/304 10 39, www.marica.si

€€ | Hotel San Martin Modernes, familiäres Hotel auf einem Hügel, mit Panoramaterrasse und Blick über die Weinberge. Sauna, Vinothek und gute Küche, im malerischen Dörfchen Šmartno. ■ Šmartno 11, 5211 Kojsko, Tel. 051/33 56 60, www.sanmartin.si

Nova Gorica 109

€€ | Perla Resort Wer Casinos liebt, findet hier ein Paradies. Zeitlos-elegante Zimmer, moderner Poolbereich auf dem Dach, Sauna, Restaurants, kostenlose Tiefgarage. ■ Kidričeva ulica 7, 5000 Nova Gorica, Tel. 05/336 30 00, www.perla-novagorica.com/de

€€ | Hotel St. Daniel Bezaubernd eingerichtetes, familiär geführtes Bio-Landhotel mit Sauna und kostenlosen Parkplätzen bei Štanjel (29 km von Nova Gorica). Abends auf Wunsch Vier-Gang-Menü. ■ Hruševica 1 b, 6222 Štanjel, Tel. 05/997 69 29, www.stdaniel.si

Vipava-Tal 111

€–€€ | Pansion Koren Zweckmäßige, saubere Apartments im Zentrum von Vipava. Netter Innenhof, Fahrradverleih, kostenlose Parkplätze. ■ Glavni trg 2, 5271 Vipava, Tel. 040/217 213, www.apartmaji-koren.com

€€ | Forest village Theodosius Moderne Holzhäuser mit Terrasse mitten in einem Kiefernwald, teils mit Sauna und Whirlpool ausgestattet. An einem Felsen in der Nähe soll der oströmische Kaiser Theodosius im Jahr 394 vor einem Kampf um Hilfe gebetet haben. ■ Vrhpolje 165, 5271 Vipava, Tel. 031/30 84 73, www.theodosius.si

Idrija 112

€€ | Hotel Jozef Elegantes, modernes Boutique-Hotel mit elf Zimmern am Stadtrand von Idrija. Die interessante

In den Holzhäusern des Forest village Theodosius logiert man mitten im Wald

Architektur des Gebäudes vereint Holz, Gusseisen und andere Materialien. Mit sehr gutem Slow-Food-Restaurant. ■ Vojkova 9 a, 5280 Idrija, Tel. 08/200 42 50, www.hotel-jozef.si

€€€ | Hotel Kendov dvorec Romantisches Barockschlösschen mit antiken Möbeln, weitläufigem Garten und erstklassigem Restaurant mit Weinkeller, 4 km nördl. von Idrija. ■ Na Griču 2, 5281 Spodnja Idrija, Tel. 05/372 51 00, www.kendov-dvorec.com

Postojnska jama 114

€€ | Hotel Kras Schick restauriertes Hotel im Zentrum von Postojna mit 24 geräumigen Zimmern und drei Apartments, Wellnessbereich, Bike-Service sowie Tiefgarage. 1 km zur Höhle. ■ Tržaška cesta 1, 6230 Postojna, Tel. 05/700 23 00, www.hotelkras.si

€€€ | Hotel Jama Komfortables Hotel am Höhleneingang mit modernen Zimmern, Parkplatz und vergünstigtem Höhleneintritt. Bei der Modernisierung vor wenigen Jahren wurden nicht bekannte Räume gefunden, die vom jugoslawischen Geheimdienst genutzt worden waren. Eine Führung präsentiert Abhöraufnahmen und Kommunikationsmittel (engl., gegen Gebühr). ■ Jamska cesta 28, 6230 Postojna, Tel. 05/700 02 00, www.postojnska-jama.eu

Cerkniško jezero 119

€ | Hotel Rakov Škocjan Das rustikale Haus mit Holz-Naturstein-Fassade thront in sehr ruhiger Lage, mitten auf einer Lichtung im Karstwald. Im angeschlossenen Restaurant kommt üppige Hausmannskost auf den Tisch, und für Kinder gibt es einen Spielplatz zum Austoben. ■ Rakov Škocjan 1, 1380 Cerknica, Tel. 031/39 11 95, www.hotelskocjan.si

Die Adriaküste

Südliche Lebensfreude mit venezianischen Kirchtürmen, malerischen Gassen und Lieblingsbadeplätzen prägt das slowenische Istrien

Die slowenische Adriaküste ist gerade mal gut 46 km lang, präsentiert sich jedoch wunderbar mediterran – mit Olivenhainen, Zypressen und Rebstöcken, die tief in der roten Erde wurzeln. Die Küstenregion, das Primorje, gehört geografisch zur Halbinsel Istrien, die sich Kroatien, Slowenien und Italien teilen. Aus dem roten Dächergewirr der Hafenstädte Piran, Koper und Izola ragen venezianische Kirchtürme empor, die daran erinnern, wer hier über Jahrhunderte hinweg das Sagen hatte. Als Lieblingsbadewanne der Slowenen gilt der Kurort Portorož, mit seiner langen Uferpromenade und dem aufgeschütteten Sandstrand. Im Juli und August wird es hier trubelig, außerhalb der Hochsaison lässt es sich in Portorož jedoch entspannt bummeln.

Die schmale, felsige Küste Sloweniens überrascht mit einigen wunderbaren Abschnitten: etwa mit den weitläufigen Salinen von Sečovlje oder den wildromantischen Klippen von Strunjan. Spannende Ausflüge führen ins nahe gelegene Hinterland, wo unweit der Grenze zu Italien Lipizzaner-Pferde Pirouetten drehen oder eine wehrhafte Kirche mit mittelalterlichen Fresken fasziniert. Ins italienische Triest ist es ebenfalls nur ein Katzensprung. Viele zweisprachige Ortstafeln erinnern daran, dass bis heute eine italienische Minderheit in Slowenisch-Istrien lebt.

In diesem Kapitel:

ADAC Top Tipps:

Tartinijev trg, Piran

| Platz |

Der Tartini-Platz im schönsten slowenischen Küstenstädtchen wirkt wunderbar venezianisch und ist ein Lieblingsort der Einheimischen und Besucher zum Espresso-Trinken. .. 124

Lipica

| Gestüt |

Die weltberühmten weißen Lipizzaner begeistern mit eleganten Kunststücken in der Manege – und wirken dabei so anmutig. Österreichs Erzherzog Karl hatte das Gestüt bereits im Jahr 1580 gegründet. 132

ADAC Empfehlungen:

Krajinski park Sečoveljske soline

| Landschaft |

Kostbare Salzblüte wird in den traditionsreichen Salzgärten von Sečovlje an der Mündung der Dragonja in die Adria noch von Hand gepflückt. ... 128

Cerkev Sv. Trojca, Hrastovlje

| Fresken |

Im hügeligen Hinterland überrascht im Dörfchen Hrastovlje eine Wehrkirche mit ihren mittelalterlichen »Totentanz-Fresken«. 131

21 Piran

Hübsches Küstenstädtchen mit venezianischem Flair

Zahlreiche Restaurants und Cafés säumen den Tartini-Platz im Herzen von Piran

Information

- TIC, Tartinijev trg 2, 6330 Piran, Tel. 05/673 44 40, www.portoroz.si
- Parken siehe S. 125

Wohl die charmanteste aller slowenischen Küstenstädte (3900 Einw.), von den Italienern Pirano genannt, drängt sich mit roten Ziegeldächern, gepflasterten Gassen und spitzen Kirchtürmen auf einer schmalen Landzunge. So viel Anmut hat sich längst herumgesprochen, und entsprechend gut besucht ist das zweisprachige Städtchen im Sommer. Das tut seinem Reiz jedoch keinen Abbruch.

Sehenswert

Tartinijev trg

| Platz |

Sloweniens schönster Platz besticht mit ehrwürdigen Palazzi

Blank poliertes Kopfsteinpflaster, venezianisch geprägte Fassaden und die Statue des »Teufelsgeigers« Guiseppe Tartini (1692–1770) dominieren den ovalen Tartini-Platz. Er wurde auf dem aufgeschütteten Hafenbecken angelegt und schließt direkt an den heutigen Altstadthafen an, wo die Boote schaukeln. Auf dem Platz ist immer etwas los. Wunderschön ist das Eckhaus mit gotisch-venezianischen Fensterbögen,

Plan
S. 126

Benečanka (»Die Venezianerin«), das ein reicher Kaufmann aus Venedig für seine Geliebte aus Piran bauen ließ. An der Westseite des Platzes, im eindrucksvollen Rathaus, ist die TIC untergebracht. Gegenüber befindet sich Tartinis Geburtshaus mit Gedenkzimmer.

2 Riva

| Uferpromenade |

Die Flaniermeile Prešernovo nabrežje säumt die Altstadtzunge, die ins Meer hineinragt. Entlang der Südseite reihen sich Terrassenrestaurants aneinander, auf den Uferfelsen davor breiten die Einheimischen gerne ihre Badetücher aus. Die Promenade mündet in die Landzunge Punta, deren Spitze ein Leuchtturm und die Kirche Sv. Klement markieren.

3 Cerkev Svetega Jurija

| Kirche |

Die Georgskirche erhebt sich auf einem Hügelkamm im Norden der Halbinsel. Der 50 m hohe, frei stehende Campanile ist dem Turm der Markuskirche in Venedig nachempfunden. Die Heiligenfiguren an der Turmspitze lassen die Windrichtung erkennen. Von der Aussichtsplattform vor der Kirche eröffnet sich ein fantastischer Fernblick auf Alpen und Adria.

4 Obzidje

| Stadtmauer |

Die schönste Sicht auf die meerumspülte Altstadt hat man von der Stadtmauer. Vom Benečanka-Haus führt ein steiler Weg in 10 Minuten durch den Stadtteil Marčana hinauf.

■ www.wallsofpiran.com, ab 8 Uhr, 3 €

5 Minoritski samostan

| Kloster |

Das gotische Minoritenkloster mit Renaissance-Kreuzgang bildet die perfekte Kulisse für sommerliche Konzerte am Abend (Piranski Glasbeni Večeri).

■ Bolniška ulica 30, Kloster: Sommer 10–12, 17–20 Uhr, Konzerte: www.avditorij.si

Parken

Autofreie Altstadt mit **Parkhaus** und **Parkplatz** (Parkirišče Fornače, Danteјeva ulica). Von dort Gratis-Shuttlebus bis Tartijnijev trg oder 10 Minuten Fußweg.

Im Blickpunkt

Viele Herrscher, viele Grenzen

Venezianer, Habsburger, Italiener und Titos Jugoslawien: Slowenien stand eigentlich immer unter Fremdherrschaft, einen eigenen Staat gibt es erst seit 1991. Dennoch konnten die Slowenen ihre eigene Sprache und Identität bewahren, was dem hohen Stellenwert der Kultur zugeschrieben wird. Die fremden Herrscher haben ihre Spuren hinterlassen, nach dem Untergang des Habsburger Reichs entstanden neue Grenzen: Viele Slowenen fanden sich plötzlich in Italien oder Österreich wieder und Ungarn und Italiener waren nun in Slowenien zu Hause. Die Italiener verließen das sozialistische Jugoslawien aber unter Tito größtenteils. Eine Minderheit blieb, die bis heute ihre Zweisprachigkeit in Slowenisch-Istrien pflegt. Innerhalb Jugoslawiens spielten Grenzen keine Rolle, und so zanken sich Slowenien und Kroatien bis heute um den Zugang zum offenen Meer – auch wenn ein Schiedsgericht die Bucht von Piran 2017 eigentlich Slowenien zugesprochen hatte. Doch damit will sich Kroatien nicht abfinden …

Restaurants

€€ | Pirat In diesem bodenständigen Traditionslokal mit überdachter Terrasse bestellen auch die Einheimischen gern frischen Fisch und Meeresgetier. ■ Župančičeva ulica 26, Tel. 05/6731481, tgl. 11–23 Uhr, Plan S. 126, b3

Einkaufen

Im **Benečanka-Haus** gibt es Fleur de Sel oder Salzpeeling aus den Salinen von Sečovlje (Tartinijev trg, Eingang Ulica IX. korpusa 2, www.soline.si). Nebenan lockt die **Čokoladnica Piran** mit schokoladigen Spezialitäten (Tartinijev trg 6, www.syncerus.si).

Kinder

Čarobni muzej školjk 3000 Muscheln und Schnecken aus aller Welt gibt es in der »Zauberhaften Welt der Muscheln« zu bestaunen. ■ Tartinijev trg 15 (1. Stock), www.svet-skoljk.si, Juni–Sept. tgl. 10–18 Uhr, übrige Zeit verkürzt, 5 €, erm. 3,50 €, Plan S. 126, b2

22 Portorož

Das Badeparadies lockt mit dem einzigen »richtigen« Sandstrand des Landes

Information

■ TIC, Obala 16, 6320 Portorož, Tel. 05/6742220, www.portoroz.si

Sonnenbaden, Schwimmen und Sandburgen: Wer das mag, findet im traditionsreichen Badeort Portorož, dem »Rosenhafen« (ital. Portorose, 2800 Einw.), sein Ferienparadies. Der Puls des Kurorts pocht entlang der Uferpromenade Obala. Dort reihen sich moderne, nostalgische und in die Jahre gekommene Hotels nebeneinander. Viele von ihnen bieten ihren Gästen Kuranwendungen mit Salzschlamm aus den nahe gelegenen Salinen von Sečovlje an. Flaggschiff und liebstes Fotomotiv ist die prächtige Stuckfassade des Hotels Kempinski Palace. Auf der gegenüberliegenden Straßenseite, direkt am Meer, trifft man sich auf einen Sundowner mit unverstelltem Adriablick. Eine historische Altstadt sucht man vergeblich, am Hang finden sich jedoch einige hübsche Villen und die Kirche des hl. Bernardin.

Sehenswert

Centralna Plaža Portorož

| Strand |

Ein aufgeschütteter, breit angelegter Sandabschnitt lockt im Sommer viele Badegäste an den Hauptstrand. Spiel- und Volleyballplätze sorgen für Abwechslung. Der Strand schmückt sich seit Jahren mit dem internationalen Öko-Umweltlabel »Blaue Flagge«.

■ Vermietung Liegestuhl/Sonnenschirm

Parken

Begehrte, kostenpflichtige Parkplätze findet man entlang der befahrbaren Uferstraße Obala.

Restaurants

€€ | Ribja Kantina Fritolin Uriges kleines Fischlokal mit rebenumrankter Terrasse: Frischer Meeresfang, etwa köstliche Grillsardinen, kommt zu fairen Preisen auf den Teller. Dazu passt ein Glas solider Malvazija-Hauswein. ■ Obala 53, Tel. 05/6740210, tgl. 11–23 Uhr

Kneipen, Bars und Clubs

An Sommerabenden trifft man sich zum Bummeln und Souvenirs stöbern an der Uferpromenade. Besonders beliebt ist die **Alaya Cocktail Bar** (Obala 22, www.alaya.si), legendäre Beach-Partys steigen im **Tivoli Club** (Obala 14 a).

Entspannung

Lepa Vida Thalasso Spa Hier genießt man unter freiem Himmel ein Bad im Meerpool, Massagen und Salzschlamm auf der Haut – mitten in den Salinen von Sečvolje. Höchstens 50 Gäste können hier gleichzeitig relaxen, daher sollten Sie unbedingt reservieren! ■ Tel. 05/672 13 60, www.thalasso-lepavida.si, 10–20 Uhr, 2 Std. 26 € (zzgl. Anwendungen)

In der Umgebung

Krajinski park Sečoveljske soline

| Salinen |

17 *Bis die großen weißen Salzberge aufgetürmt werden, ist es viel Arbeit*

In den Salinen von Sečovlje wird schon seit dem Mittelalter Meersalz von Hand geschöpft. Die beiden Abschnitte des Naturreservats erstrecken sich an der Mündung des Flusses Dragonja in die Adria. Im nördlichen Teil, Lera, werden Besucher an den Salzbecken vorbeigeführt, das Salzmuseum mit Shop und das Lepa Vida Thalasso Spa sind Besuchermagnete. Der südliche Abschnitt, Fontanigge, schließt direkt an die kroatische Grenze an: Er wird seit mehr als 50 Jahren nicht mehr zur Salzgewinnung genutzt, sondern dient 270 Vogelarten als Nist- und Brutstätte.

■ Seča 115, Portorož, Naturreservat: www.kpss.si, Sommer 8–21, Winter 9–17 Uhr, Sommer/Winter 7/6 €, erm. 5/4 €, Produkte: www.soline.si

ADAC Spartipp

Auf der Halbinsel Seča, hoch über Portorož, treffen sich schon seit rund 60 Jahren internationale Bildhauer zum Workshop **»Forma Viva«**: Mehr als 130 Steinskulpturen sind im Lauf der Zeit entstanden, die in einem kleinen Park frei und kostenlos zugänglich sind – mit wunderschönem Meerblick (Seča 152).

23 Izola

Palazzi, enge Gassen und das Meer lassen sich bei einem Bummel entdecken

Information

■ TIC, Sončno nabrežje 4, 6310 Izola, Tel. 05/640 10 50, www.visitizola.com

Venezianisch mutet die Altstadt von Izola (11 200 Einw.) an, die auf einer aufgeschütteten Insel (ital. »isola«) thront. Ein entspannter Bummel führt durch enge Pflastergassen, an bunten Fassaden und kleinen Kunsthandwerksläden vorbei. Die Uferpromenade umsäumt den alten Hafen bis hin zu einem Park. Statt mit großen Sehenswürdigkeiten, besticht die Stadt mit ihrem Gesamtbild – und lockt mit ihrer modernen Marina viele Skipper an.

Sehenswert

Cerkev Sveteg Mavra

| Kirche |

Auf dem höchsten Punkt der Altstadt ragt die Pfarrkirche des hl. Maurus in den Himmel, im Inneren gibt es Gemälde alter italienischer Meister zu entdecken. Und wer die knapp 100 Stufen auf den 30 m hohen Kirchturm erklimmt, wird mit einem wunderbaren Ausblick belohnt, der an klaren Tagen bis zu den Alpen reicht.

Besenghijeva Palača

| Fassade |

Das schönste Gebäude der Stadt ist der spätbarocke Besenghi-Palazzo aus dem 18. Jh. mit verspielten Balkonen und reichlich Stuck, unterhalb der Kirche. Er beherbergt eine Musikschule.

■ Gregorčičeva ulica 76

Manziolijev trg

| Platz |

Hinter der Kirche der hl. Maria von Haliaetum (Sv. Marija Alietska) versteckt sich dieser venezianisch geprägte, winzige Platz. Von hier ist es nicht mehr weit zum Veliki trg am kreisrunden alten Stadthafen Mandrač.

Parken

Der gebührenpflichtige öffentliche Parkplatz **Lonka** befindet sich in Zentrumsnähe (Gorkijeva ulica).

Restaurants

€€ | **Gostilna Doro** Hier isst man unter schattigen Kastanienbäumen. Es empfehlen sich die wohl besten Ćevapčići der Stadt. ■ Trg padlih za svobodo 3, Tel. 05/6417496, tgl. 10–21 Uhr

Kinder

Im Museum **Izolana** (Hiša morja/Haus des Meeres) gibt es detailgetreue Modelle von Fischerbooten zu bestaunen.

Mediteranes Flair umgibt den Hafen von Izola mit seinen dümpelnden Booten

■ Ulica Alme Vivode 3, Mi–Sa 11–19 Uhr, 5 €, erm. 3 €, unter 7 Jahren frei

Sport

Wind- und Kitesurfer schätzen besonders das **Kap Ronek** am beliebten Kieselstrand Svetilnik, nordöstlich des Stadtzentrums gelegen.

In der Umgebung

Belvedere

| Aussichtspunkt |

Das Villenviertel Belvedere punktet mit einem schönen Ausblick auf die Bucht von Triest auf rund 60 m Meereshöhe. Man erreicht es über die Straße nach Piran.

Die Marina der Hafenstadt Koper, die auch von Kreuzfahrtschiffen angelaufen wird

Simonov zaliv

| Ausgrabungen |

In der beliebten Badebucht San Simon, westlich von Izola, schlittert man auf einer Riesenrutsche ins Meer hinein. In der Bucht erinnern freigelegte Bodenmosaike und das Fundament einer antiken Villa maritima daran, dass Izola einst zur römischen Kolonie Aquilea im heutigen Friaul gehörte. ■ Tomažičeva ulica 11, Izola, Di–So 8–12, 16–20 Uhr

Krajinski park Strunjan

| Landschaft |

Die schroff abfallenden weißen Flysch-Felsen (Bele skale) am Kliff von Strunjan westlich der San-Simon-Bucht sind eher ungewohnt für die sonst flache slowenische Küste. Gebadet wird unterhalb der Felswände an wildromantischen Stränden – ohne Infrastruktur. Die einstige Saline steht heute als Vogelreservat unter Naturschutz.

■ Strunjan 152, www.parkstrunjan.si

24 Koper

Sloweniens einzige echte Hafenstadt besticht mit einem venezianischem Platz

Information

■ TIC, Titov trg 3, 6000 Koper, Tel. 05/664 64 03, ww.visitkoper.si

Sloweniens größte Küstenstadt Koper (25 000 Einw.) gibt sich lebhaft: Im einzigen Seehafen des Landes werden Container verschifft, an manchen Tagen ankern Kreuzfahrtschiffe am Terminal. An gemütlichen Promenadencafés vorbei, die die örtlichen Studenten und Urlauber gerne bevölkern, geht es dann in die Altstadt – die mit einem malerischen Platz überrascht! Koper, das griechische Aegida, erstreckt sich auf einer vor langer Zeit aufgeschütteten Insel. Zweisprachige Ortstafeln begrüßen Besucher in Koper bzw. Capodistria (»Haupt Istriens«), auch wenn heute nur noch jeder 50. Einwohner italienische Wurzeln hat.

Sehenswert

Titov trg

| Platz |

Um den Tito-Platz stehen die schönsten Gebäude der Stadt, allen voran der Prätorenpalast (Pretorska palača) aus venezianischer Zeit – mit Zinnen, Reliefs und Markuslöwen –, in dem das Rathaus untergebracht ist. In der Stadtloggia (Mestna loža), die früher der zentrale Versammlungsort war, lässt sich prima Espresso schlürfen. Östlich wacht die Mariä-Himmelfahrts-Kathedrale (Stolnica Marijnega vnebovzetja) mit Elementen aus der Zeit der Gotik und Renaissance über den Hauptplatz.

Einkaufen

Bei einer Kellerführung von **Vinakoper** werden u. a. die istrischen Weinsorten Refošk und Malvazija verkostet. ■ Šmarska cesta 1, Tel. 05/663 01 00, www.vinakoper.si

Restaurants

€€ | Gostilna Švab Das Restaurant in der Nähe der berühmten Freskenkirche Sveta Trojca ist für seinen luftgetrockneten Karstschinken bekannt. ■ Hrastovlje 53, Hrastovlje, www.gostilnasvab.com, Tel. 05/659 05 10, Do 12–20, Fr, Sa 12–22, So 12–21 Uhr

Sport

Freeclimber aus ganz Europa treffen sich an den steilen Felswänden von **Črni kal** und **Osp** im Hinterland der Küste. In Ankaran bietet die Agentur Halo SUP Kurse im Stand-up-Paddeln an und verleiht Ausrüstung. ■ Tel. 030/31 31 34, www.halosup.si

In der Umgebung

Debeli rtič

| Kap |

Ein Spaziergang auf der grünen, naturgeschützten Landspitze Punta Grossa beim beliebten Badeort Ankaran führt zu einem Leuchtturm und zu flach abfallenden Stränden.

■ Jadranska cesta 71, Ankaran

Grad Sočerb

| Aussichtspunkt |

Auf einem steilen Felsen am Karstrand thront das mittelalterliche Schlösschen Sočerb mit Slow-Food-Lokal. Der spektakuläre Blick von der Plattform fällt auf den gesamten Golf von Triest.

■ Sočerb 7, Črni kal; Lokal: Tel. 041/57 15 44, Di–Do 18–22, Fr–So 12–22 Uhr

Cerkev Sv. Trojca, Hrastovlje

| Fresken |

Kleine Kirche mit beeindruckend farbenfrohen Totentanz-Fresken

Hinter hohen Wehrmauern versteckt sich die berühmte romanische Dreifaltigkeitskirche des Dörfchens Hrastovlje im hügeligen Hinterland von Koper. Ihr Stolz ist ein mittelalterlicher Freskenzyklus, der erst 1949 entdeckt wurde: Im zentralen Totentanz-Fresko tanzt Gevatter Tod mit Arm und Reich, Jung und Alt zugleich – ohne Standesunterschiede. Ein Entrinnen gibt es nicht, so das zentrale Motiv. Johannes aus Kastav verewigte das berühmteste Motiv sowie weitere Bibelszenen um 1490.

■ Hrastovlje 19 a, Schlüssel unter Tel. 031/43 22 31, Mi–Mo 9–12, 13–17 Uhr, 3 €

ADAC Mobil

Wo einst die legendäre Schmalspurbahn Parenzana schnaufte, strampeln heute Radfahrer: Die **aufgelassene Bahntrasse** verbindet als 123 km langer »Weg der Gesundheit und Freundschaft« Triest (Italien) mit Poreč (Kroatien). In Slowenien verläuft der Trail (D 8) über Koper, Izola und Portorož. Die 1902 eingeweihte Bahn war nicht einmal drei Jahrzehnte im Einsatz.

25 Lipica

Die Wiege der Lipizzanerzucht mit sehenswerten Vorführungen

Information

■ Kobilarna Lipica, Lipica 5, 6210 Sežana, Tel. 05/739 16 96, www.lipica.org, April–Okt. 9–18 Uhr, sonst kürzer, 25 €, erm. 12 €

Das Gestüt Kobilarna Lipica nahe der italienischen Grenze ist die Heimat der Lipizzaner. Die Einfahrt führt durch ein parkartiges Gelände mit weißen Holzzäunen, hinter denen im Sommer rund 300 der weltberühmten Schimmel auf der Koppel grasen. Bei Vorführungen zeigen die anmutigen Tiere ihre Dressurleistungen. Wer will, kann sich einer Führung über das Gestüt anschließen und die Stallungen ansehen. Im interaktiven Museum Lipikum wird die Zuchtlinie dokumentiert.

Das Gestüt wurde 1580 vom österreichischen Erzherzog Karl gegründet, der kräftige andalusische Pferde mit robusten Karstpferden kreuzen ließ. Die neue Pferderasse war der Stolz der Spanischen Hofreitschule in Wien. Als Lipica nach dem Ersten Weltkrieg Italien zugeschlagen wurde, gründete man im österreichischen Piber ein neues Gestüt. Lange waren Slowenien und Österreich uneins, wer die Zucht für sich beanspruchen könne. Dann bewarb man sich 2019 gemeinsam um den UNESCO-Weltkulturerbetitel, der 2022 verliehen wurde.

Restaurants

€ | Picerija Etna Bella Italia ist gleich ums Eck – da muss eine knusprige Pizza in schlichtem, aber modernem Ambiente einfach sein. ■ Kolodvorska ulica 3a, 6215 Divača, (10 km nordöstl.), Tel. 031/727568, www.etna.si, Di–Sa 11–22 Uhr

Kinder

Der Nachwuchs erkundet auf geführten **Shetlandponys** das Pferdegestüt (3–7 Jahre, 15 Min., tgl. 10–18 Uhr, 10 €). Bei Familien beliebt sind **Kutschfahrten** über das Gestüt (Kutschfahrten bis zu 5 Pers., 15 Min. 30 €, an der Kasse buchbar; nur bei trockenem Wetter).

Sport

Pferdefans buchen einen **Reitkurs** (Einzel-/Gruppenstunden, www.lipica.org); **Golfer** üben den Abschlag auf dem 9-Loch-Golfplatz auf dem Gestüt.

ADAC Wussten Sie schon?

Lipizzaner sind fast durchweg **Schimmel**, kommen aber mit dunklem Fell zur Welt. Die schneeweiße Farbe bildet sich erst ab dem sechsten Lebensjahr heraus.

In der Umgebung

Jama Vilenica

| Höhle |

Die ersten Touristen bestaunten die Schauhöhle Vilenica im Dörfchen Lokev, 5 km von Lipica, schon im Jahr 1633 – das ist europäischer Rekord. In der »Tanzhalle«, einem Abschnitt der 1,5 km langen Tropfsteinhöhle, findet alljährlich im September ein internationales Literaturfestival statt.

■ Vilenica, www.vilenica.com, April–Okt. jeden So/Fei. 15 Uhr, 15 €, erm. 7 €

Gefällt Ihnen das?

Im Karst gibt es weitere Tropfsteinhöhlen zu entdecken, etwa die **Postojnska jama** (S. 114) oder die **Škocjanske jame** (S. 116).

Triest, Italien

| Stadt |

Wie ein Unterarm schiebt sich die italienische Hafenstadt Triest zwischen die Adria und das slowenische Hinterland im Karst. Im »Wien an der Adria«, das bis 1918 zu Österreich-Ungarn gehörte, wird die K.u.k.-Kaffeehauskultur bis heute gepflegt: Flaggschiff ist das nostalgische Caffé degli Spacchi, das Spiegelcafé, an der zentralen Piazza dell'Unità d'Italia (www.caffespecchi.it). Dieser gilt, mit seinen repräsentativen, neoklassizistischen Palazzi, als einer der weltgrößten dem Meer zugewandten Plätze. Wer sich einen Überblick über die Stadt verschaffen will, klettert am besten den Burg- und Kathedralenhügel Colle di San Giusto hinauf. Zu dessen Füßen erstrecken sich die Reste des antiken römischen Theaters in der Via del Teatro Romano. Ein Architekturjuwel ist das zinnengekrönte Märchenschloss Miramare (Castello di Miramare, miramare.cultura.gov.it) südlich von Triest: Auf dem Klippenschloss über der Adria residierte Maximilian I. von Habsburg, ehe er als Kaiser von Mexiko von Aufständischen erschossen wurde.

■ TIC, Piazza dell'Unità d'Italia, 34121 Trieste, +39/335/742 94 40, www.turismofvg.it

Die Fohlen der Lipizzaner auf dem Gestüt Lipica haben durchweg noch ein dunkles Fell

Übernachten

Die slowenische Adriaküste ist kurz und überaus beliebt. In Portorož finden sich die meisten Hotels, viele davon mit gehobenem Komfort. In Koper können Doppelzimmer in modernen Hostels oder Privatunterkünften manchmal die bessere Wahl sein. In Piran stehen Gästen mehrere geschmackvolle Boutique-Hotels zur Auswahl. Die Zufahrt in die Altstadt von Piran ist nur kurz gestattet, geparkt wird außerhalb. Im Juli und August klettern die Preise an der Adria empfindlich nach oben, manche Hotels haben im Winter ganz geschlossen.

Piran 124

€€ | **B & B Max Piran** Schönes 300 Jahre altes Haus gegenüber der Kathedrale mit sechs Zimmern, vor Kurzem modernisiert, faire Preise. ■ Ulica IX. korpusa 26, 6330 Piran, Tel. 041/69 29 28, www.maxpiran.com

€€ | **Hotel Barbara** Das modernisierte Strandhotel erstreckt sich hübsch und ruhig im Vorort Fiesa, zwischen einem See und dem Meer. 15 Minuten Fußweg nach Piran, Fahrradverleih. ■ Fiesa 68, 6330 Piran, Tel. 08/201 04 20, www.hotel-barbara.si

€€€ | **Hotel Piran** Elegantes Traditionshotel mit 103 Zimmern und Suiten an der Uferpromenade. Mit geschmackvollem Restaurant, Café und Panoramaterrasse. ■ Stjenkova ulica 1, 6330 Piran, Tel. 05/666 71 00, www.hotel-piran.si

Portorož 127

€€€ | **Boutique Hotel Portorose** Minimalistisch-stylisches Design prägt dieses neu renovierte Hotel im Boutique-Stil direkt an der Promenade. Ansprechendes Frühstück mit Smoothies, außerdem Wellnessangebote und Pool. ■ Obala 89, 6320 Portorož, Tel. 08/201 04 20, www.hotel-portorose.si

€€ | **Hotel Marko** Renoviertes, zeitlos-elegantes Hotel mit K.u.k.-Charme und grünem Palmengarten, nur durch die Uferstraße vom Meer getrennt. Reichhaltiges Frühstücksbüfett, gutes Restaurant. Überdachtes Parkdeck (kostenpflichtig), mit E-Tankstelle. ■ Obala 28, 6320 Portorož, Tel. 05/617 40 00, www.hotel-marko.si

€€€ | **Kempinski Palace Hotel** Das nostalgische Luxus-Flaggschiff im prunkvollen Palazzo umsäumt ein herrlich gepflegter Park mit Palmen. Die 181 Zimmer verteilen sich auf einen historischen und einen neuen Flügel. Mit Spitzenrestaurant, Wellness, Parken. ■ Obala 45, 6320 Portorož, Tel. 05/692 70 00, www.kempinski.com

Izola 128

€€€ | **Belvedere Resort Hotels** Auf der Panorama-Anhöhe Belvedere erhebt sich dieses Resort mit zwei Hotels und Campingplatz (€). Schöne Poollandschaft (Gebühr), bei Familien beliebt. Kostenfreie Parkplätze, Strand-Shuttle. ■ Dobrava 1 a, 6310 Izola, Tel. 05/660 51 00, www.belvedere.si

€€–€€€ | **Hotel Marina** 52 komfortable Zimmer und ausgezeichnetes Restaurant. Beste Lage direkt am Stadt-

Ein Hauch von Belle Époque umgibt das würdige Hotel Kempinski in Portorož

hafen von Izola. ■ Veliki trg 11, 6310 Izola, Tel. 031/877444, www.hotelmarina.si

€€€ | Hotel Haliaetum Hübsch renoviertes Familienhotel in der Badebucht San Simon mit 52 Zimmern (davon 32 Familienzimmer), Spielplatz, Mini-Club, beheizter Meerwasserpool. ■ San Simon Resort, Morova 6 a, 6310 Izola, Tel. 05/6603100, www.hoteli-bernardin.si

Koper 130

€€ | Hostel Villa Domus Modernes Hostel mit Stadt- oder Meerblick, sauberen Zimmern (2–4 Pers.) und Apartments, Bistro und Parkplätzen, unweit der Altstadt. ■ Vojkovo nabrežje 12, 6000 Koper, Tel. 030/468777, www.villa-domus.si

€€ | Hotel Convent Das ehemalige Benediktinerkloster mit stimmungsvollem Kreuzgang und Restaurant im Innenhof bietet 24 klassische Zimmer. Im Badeort Ankaran (7 km nördl. von Koper). ■ Resorts Adria Ankaran, Jadranska cesta 25, 6280 Ankaran, Tel. 05/6637300, www.adria-ankaran.si

€€ | Hotel Vodišek Eines der wenigen Hotels in Koper: zweckmäßig, freundlich, im Zentrum, kostenloser Parkplatz. Gut für eine Zwischenübernachtung. ■ Kolodvorska cesta 2, 6000 Koper, Tel. 05/6392468, www.hotel-vodisek.com

Lipica 132

€€ | Hotel Maestoso Ein Traum für Pferde-Fans: Mitten auf dem Gestüt Lipica übernachten! Zeitlos-elegante Zimmer, Restaurant, Spielcasino und Golfplatz auf dem Gelände. ■ Lipica 5, 6210 Sežana, Tel. 05/7391790, www.hotel-maestoso.eu

Celje und der Südosten

Wo Braunbären durch dichte Wälder stapfen und Burgen auf Hügelspitzen thronen, lässt es sich wunderbar entspannen

Der Südosten Sloweniens mit der Unterkrain (Doljenska) schmiegt sich als beschaulicher Landstrich an die kroatische Grenze: In den dichten Wäldern rund um Kočevje ziehen Bären durchs Unterholz, und in der hügeligen Grenzregion Bela krajina werden alte Traditionen gepflegt. Friedliche Städtchen prägen die Region: Um Novo Mesto schlängelt sich der Fluss Krka, der in die Sava mündet. Den Grenzfluss Kolpa, den die Kroaten Kupa nennen, haben Rafting-Fans längst für sich entdeckt. Stellenweise trübt ein provisorischer Grenzzaun, der die illegale Migration eindämmen soll, die Landschaft.

Kulturell gibt es viel zu entdecken: Auf malerische Hügel wurden Burgen aufgetupft, hübsch restaurierte Schlösser hüten regionale Sammlungen – etwa in Metlika, Črnomelj oder Brežice. Manches Kloster versteckt sich in einem stillen Tal, wie die längst aufgegebene Kartause Žiče. Anderswo, wo früher gebetet wurde, etwa in Kostanjevica na Krki, gibt es heute Kunst zu bestaunen.

Wo der Südosten in den Nordosten und in die Südsteiermark (Štajerska) übergeht, sind Thermalbäder die Besuchermagnete der Region – etwa die traditionsreichen Doljenske Toplice oder die familienfreundlichen Terme Čatež. K.u.k.-Nostalgie wird im Kurbad Rogaška Slatina gepflegt, während man in Olimje auf Wellness setzt.

In Celje, auf halbem Weg von Ljubljana nach Maribor, lässt es sich wunderbar in alten Zeiten schwelgen – mit römischen Ruinen, Ritterburg und einem Stadtschloss. Innovativ geht es im Hopfenanbaugebiet Žalec zu, wo der erste öffentliche Bierbrunnen der Welt sprudelt – oder in Rožno, unweit der Heimat der ehemaligen First Lady der USA. Wer gerne auf eigene Faust unterwegs ist und ruhige Landschaften, Kultur und Entspannung miteinander kombinieren will, findet in dieser Ecke Sloweniens bestimmt sein Ferienglück.

In diesem Kapitel:

ADAC Top Tipps:

Stari grad, Celje

| Burgruine |

Stolz und mächtig wie keine andere ragt die alte Burgruine über der drittgrößten Stadt Sloweniens empor. Von hier oben wirkt die Savinja wie ein Miniatur-Fluss, der sich an Puppenhäusern vorbeischlängelt. 147

ADAC Empfehlungen:

Grad Otočec, Otočec

| Wasserschloss |

Romantische Nächte verspricht das zum Luxushotel umgebaute Wasserschloss mit Spitztürmchen auf einer winzigen Insel inmitten der Krka. ... 142

20

Galerija Božidara Jakaca, Kostanjevica na Krki

| Museum |

Wo früher im restaurierten Zisterzienserkloster die Mönche beteten, können heute expressionistische Kunstwerke bestaunt werden. 143

21

Fontana piv, Žalec

| Bierfontäne |

Mitten in einer sattgrünen Hopfenanbauregion fließt das »grüne Gold« in einer öffentlichen Bierfontäne – natürlich nicht ganz kostenlos. 149

26 Kočevsko

Wo noch Bären durch die letzten Urwälder Mitteleuropas streifen

Dichte Wälder überziehen die abgeschiedene Bergregion Kočevsko (dt. Gottscheer Land): Im Kočevski rog, dem 500 km^2 großen »Hornwald«, ragen 500 Jahre alte Baumkronen in den Himmel. Der verwunschene Urwald Krokar und das Naturreservat Snežnik-Ždrolce mit ihren alten Buchenwäldern gehören zum UNESCO-Weltnaturerbe. Die Landschaft wellt sich bis auf 1099 m Meereshöhe am Veliki rog hinauf. Eine Hauptstraße führt durch die fast menschenleere Gegend, in der Braunbären, Wölfe und Luchse leben.

Die Partisanen nutzten die Wälder als Basis für den antifaschistischen Widerstand. Das Städtchen Kočevje (dt. Gottschee, 8500 Einw.), die einzige größere Ansiedlung, ist als Sprachinsel bekannt: Die deutschsprachige Bevölkerung – im Mittelalter angesiedelte Wehrbauern – pflegte bis zu ihrer Umsiedlung im Zweiten Weltkrieg eine altertümliche, südbairische Mundart. Heute beherrschen nur noch wenige das »Gottscheerische«.

Sehenswert

Bunker Škril

| Bunker |

Aus Furcht vor einem Nuklearkrieg ließ Tito während des Kalten Krieges 80 m unter der Erde einen Bunker einrichten. Die streng geheim gehaltenen Gänge sind erst seit 2017 zugängig.

■ Führungen April–Okt Mo, Mi, Do, Fr 8–15, Di 11–18 Uhr (Voranmeldung); TIC, Kočevska Reka 5, Kočevska Reka, Tel. 05/995 92 04, www.kocevsko.com, 18 €, erm. 8 €

Baza 20

| Freilichtmuseum |

Das ehemalige Partisanenbasislager mit 26 Baracken, darunter eine Druckerei, Werkstätten, Bunker und ein Laza-

Die weiten Wälder von Kočevsko bieten bis heute auch Braunbären ein Zuhause

Im Blickpunkt

Ein Paradies für Meister Petz

In Slowenien fühlen sich Braunbären wohl: Durch dichte Karstwälder und den unberührten Regionalpark Notranjska streifen etwa 900 Tiere. Wer will, kann den Bären auf sanfte Art mit einem erfahrenen Ranger begegnen: Beim »Bear watching« kann man die Tiere zwischen April und September in ihrer natürlichen Umgebung beobachten. Dabei gilt es, mehrere Stunden ruhig auszuharren, in der Hoffnung, dass zufällig ein Bär vorbeikommt. Vom Hunger getrieben, kann sich Meister Petz im Frühjahr schon mal an einer Mülltonne zu schaffen machen oder sich in der Nähe einer Schafherde aufhalten. Ansonsten gelten die Tiere als recht scheu. Buchung über das TIC (Cesta 19. oktobra 49, Lož, Tel. 08/160 28 53, www.loskadolina.info, 135 €/Pers., 210 €/2 Pers.) oder Bears and Wildlife (Hrib 14, Loški potok, www.bearsandwildlife.si, April–Sept., 120 €, ab 2 Pers. 90 €).

rett, versteckt sich im dichten Hornwald. Die Siedlung war damals – unter Baumkronen – aus der Luft nicht zu sehen. Eine kleine Ausstellung informiert über den Partisanenwiderstand im Zweiten Weltkrieg. In der Nähe standen die Partisanenkrankenhäuser Jelendol und Zgornji Hrastnik (1,5 km).

■ Frei zugänglich, Führungen nach Anmeldung: TIC Doljenske Toplice, Tel. 07/384 51 88, tic@doljenske-toplice.si

Einkaufen

Das Städtchen **Ribnica** ist das Zentrum handgefertigter Holzwaren (»suha roba«) sowie hübscher Weidenkörbe. Die Geschichte des alten Handwerks wird im örtlichen Museum erzählt, im Shop gibt es Holzware. ■ Museum/Shop: Cesta na Ugar 6, www.rokodelskicenter-ribnica.si, Mo–Fr 9–17, Sa 9–13, So 10–18 Uhr

Wandern

Markierte, mehrtägige Wander- und Radwege führen durch den **Kočevski rog**. Eine Route verläuft an der verwunschenen mittelalterlichen Burg **Kostel** südlich von Kočevje vorbei, mit wunderbarem Ausblick auf das Kolpa-Tal (Sommer tgl. 10–17 Uhr).

27 Bela krajina

Ruhiges Hügelland mit lichten Birkenhainen an der kroatischen Grenze

Information

■ TIC Metlika, Trg svobode 4, 8330 Metlika, Tel. 07/363 54 70, www.metlika-turizem.si

■ TIC Črnomelj, Ulica Staneta Rozmana 1, 8340 Črnomelj, Tel. 07/305 65 30, www.belakrajina.si

Bela krajina, die Weißkrain, ist eine hügelige, friedliche Gegend im südöstlichsten Winkel von Slowenien, die als Landspitze nach Kroatien hineinragt. Ihren Namen hat sie vermutlich von den Birkenhainen in der Region. Die beiden Hauptorte, Metlika (dt. Möttling, 3300 Einw.) und Črnomelj (dt. Tschernembl, 5800 Einw.), sind gute Ausgangspunkte für Wanderungen durch den Landschaftspark Kolpa. Allerdings wird die Kolpa, trotz Kroatiens Schengen-Beitritt 2023, an einigen Stellen noch mit einem Grenzzaun gesichert, um die illegale Migration in die EU einzudämmen.

Sehenswert

Trg svobode, Črnomelj

| Platz |

Den Hauptplatz von Črnomelj prägt das Schloss (Črnomeljski grad) mit dem dreistöckigen Regionalmuseum und der Kommandantur (Komenda). Mit Stadtmauer und Graben wurde die Stadt gegen die Türkenangriffe gewappnet, ehe der Militärstützpunkt ins kroatische Karlovac verlegt wurde – und es in Črnomelj recht still wurde.

Gasilski muzej, Metlika

| Museum |

Das slowenische Feuerwehrmuseum steht nicht von ungefähr in Metlika: Das Städtchen bekam die erste Feuerwehrbrigade des Landes, nachdem es 16-mal, nach Angriffen der Osmanen, niederbrannte. Interessant sind historische Löschfahrzeuge, Schläuche und Wasserbehälter. Das Regionalmuseum der Bela krajina im Schloss nebenan informiert über den Weinanbau in der Region, etwa den »Metliška črnina«, den »schwarzen Wein aus Metlika«.

■ Trg svobode 4, Feuerwehrmuseum: Di–Sa 9–14 Uhr, 2 €, Regionalmuseum: www.belokranjski-muzej.si, Mo–Sa 9–17, So 10–14 Uhr, 4 €, erm. 3 €

Restaurants

€€ | Gostilna Müller Hübsche Terrasse über der Lahinja, auf den Tisch kommt bodenständige slowenische Küche.

■ Ločka cesta 6, Črnomelj, Tel. 07/356 72 00, www.gostilna-muller.si, Di–Do 12–22, Fr/Sa 11–23, So 12–17, Juli–Aug. 12–21 Uhr.

Erlebnisse

Regionale Weine werden in der renommierten **Vinska klet Prus** in Krmačina nach Voranmeldung verkostet. ■ Krmačina 6, Metlika-Krmačina, Tel. 07/305 90 98, www.vinaprus.si, 20 €

Sport

Verleih von Kanus, SUP-Brettern und Fahrrädern ist am **Campingplatz Bela Krajina** möglich, wo sich die Kolpa zu einem See weitet. Mit einem kleinen Klettergarten für den Nachwuchs. ■ Škrilje 11, 8332 Gradac, Tel. 07/306 95 72, www.kamp-podzemelj.si

Mini-Kajaks für Anfänger und Familien (2–3 Pers.) verleiht **Grand Kolpa**. ■ Stari trg ob Kolpi 15, Tel. 041/74 07 98, www.grandkolpa.si, April–Sept., Rafting Mo–Do 25, Fr–So 29/Pers.

28 Novo Mesto

Beschauliches Städtchen in einer Schleife des Flusses Krka

Information

■ TIC, Glavni trg 11, 8000 Novo Mesto, Tel. 07/393 92 63, www.visitnovomesto.si

Die Krka schlängelt sich schleifenförmig um die gemütliche Altstadt von Novo Mesto (dt. Rudolfswerth, 23 000 Einw.), die auf einer Anhöhe thront. Sehenswert sind der Hauptplatz, wo sich entspannt ein Espresso trinken lässt, und die Kapitelkirche. Südlich der Stadt produziert der Autobauer Revoz die Modelle Renault und Smart Forfour.

Glavni trg

| Platz |

Der lang gestreckte Hauptplatz, frisch gepflastert, ist ein Lieblingsort der Einheimischen: Bei einem Espresso kann man die hübschen Gebäude betrachten, etwa das neogotische Rathaus (Rotovž) am oberen Ende des Platzes. Hinab geht es zur 1898 zusammengenieteten eisernen Brücke Kandijski most, die über die Krka führt. Südöstlich des Hauptplatzes lohnt die Kirche Sv. Lenart (hl. Leonard) am Frančiškanski trg mit alten Grabsteinen unter dem Kirchturm einen Abstecher.

Stolna cerkev Svetog Nikolaja

| Kirche |

Auf dem höchsten Punkt der Altstadtinsel erhebt sich die dem hl. Nikolaus geweihte, barocke Kapitelkirche, die ein Altarbild des venezianischen Meisters Jacopo Tintoretto (1518–1594) hütet.

■ Kapiteljska ulica, am Vormittag geöffnet

Dolenskij muzej

| Museum |

Das »Museum der Unterkrain« zeigt eine beachtenswerte archäologische Sammlung mit einem Kriegerhelm aus der Zeit um 800 v. Chr. Auch über die Deutschordensritter werden Infos vermittelt – alles modern aufbereitet.

■ Muzejska ulica 7, www.dolenjskimuzej.si, April–Okt. Di–Sa 9-17, So 9–14, Nov–März Di–Sa 8–16, So 10–14 Uhr, 6 €, erm. 4 €

Jakčev dom

| Kunstmuseum |

Im Geburtshaus des Expressionisten Božidar Jakac (siehe Galerija Božidara Jakaca, S. 143) werden mehr als 800 Werke von ihm präsentiert, darunter viele Stadtansichten von Novo Mesto.

■ Sokolska ulica 1, www.dolenjskimuzej.si, April–Okt. Di–Sa 9–17, Nov.–März Di–Sa 8–16 Uhr, 4 €, erm. 3 €

Die Altstadt von Novo Mesto liegt in einer Schleife der grün schimmernden Krka

Parken

Parkplätze und ein **Parkhaus** findet man am Novi trg und in der Kandijska cesta 40, südöstlich der Altstadt.

Restaurants

€€–€€€ | Gostilna Vovko Die Wild- und Kalbgerichte des Traditionslokals werden hoch gelobt, Vegetariern wird das »štruklij«-Trio empfohlen. Mit Gästezimmern. ■ Ratež 48, Brusnice, Tel.

Sieben große Verteidigungstürme schützten in früherer Zeit die Festung Žužemberk

07/308 56 03, www.gostilna-vovko.si (Reservierung!), Mo–Fr 12–22, Sa 12–17 Uhr

Entspannung

Dolenjske Toplice In dem traditionsreichen Thermalbad sprudelt kalzium- und magnesiumreiches Wasser aus dem Boden. Das Balnea Fun mit modernen Wasserrutschen und Piratenschiff im Außenbereich steht bei Familien hoch im Kurs. ■ www.terme-krka.com

In der Umgebung

Grad Otočec

| Schlosshotel |

Stimmungsvolles, von der Krka umspültes Schlösschen im Wasser

Das mittelalterliche Wasserschloss Otočec, heute ein Luxushotel, thront auf einem kleinen Inselchen in der Krka. Der Fluss setzt hier besonders viel Kalkstein frei, wodurch im Lauf der Zeit rund 30 winzige Eilande aus Tuffsteinschichten in der Umgebung geformt wurden. Rundtürme mit Spitzdach sowie reichlich Gotik und Renaissance prägen das Bauwerk, das seit dem 13. Jh. mehrfach umgebaut wurde. Ein gepflegter Park im englischen Stil umsäumt das Anwesen. Beim Espresso im Schlosshof kann man die elegante Atmosphäre gut auf sich wirken lassen.

■ Grajska cesta 2, Otočec, www.grad-otocec.com

Grad Žužemberk

| Burg |

Die Festung Žužemberk (dt. Seisenberg) war über die Jahrhunderte im Besitz der Adelsfamilie Auersperg, die sie 1538 von König Ferdinand erworben hatte. Nach Luftangriffen im Zweiten

Weltkrieg brannte die Burg aus.Nur die Ringmauer mit Bastei und der Burgkeller blieben noch erhalten.

■ Grajski trg 1, www.zuzemberk.si, Juni–Aug. tgl. 8–18 Uhr, sonst kürzer, Nov–März geschl., 4 €, erm. 2 €

29 Kostanjevica na Krki

Winziges Städtchen mit bekannter Galerie und lebendiger Bildhauertradition

Information

■ TIC, Kambičev trg 5, 8311 Kostanjevica na Krki, Tel. 07/498 81 52, www.visit-kostanjevica.si, Di–So 9–17 Uhr

Malerisch breitet sich der älteste Teil von Sloweniens kleinster Stadt (dt. Landstrass, 750 Einw.) auf einer künstlich angelegten Insel in der Krka aus. Mit zwei Brücken ans Festland angebunden, ziehen sich die beiden Hauptstraßen durch den alten Kern.

Sehenswert

Galerija Božidara Jakaca

| Museum |

20 *Expressionistische Werke im alten Kloster, Holzskulpturen im Park*

Das restaurierte Zisterzienserkloster (Kostanjeviški samostan) mit Renaissanceportal und dreistöckigem Arkadenhof beherbergt eines der besten Kunstmuseen des Landes mit Werken slowenischer Expressionisten, darunter sehenswerte Pastelle des in Novi Mesto geborenen Božidar Jakac (1899–1989). Im Park stehen mehr als 100 Holzskulpturen, die im Rahmen des internationalen Bildhauersymposiums »Forma Viva« seit 1961 entstanden sind.

Gefällt Ihnen das?

»Forma Viva« findet auch auf der Halbinsel Seča bei Izola (S. 128) statt: Dort arbeiten die Bildhauer mit weißem Kalkstein aus Istrien (»Marmor«). Vereinzelte Symposien gab es auch in Ravne na Koroškem (Stahl) und Maribor (Stahlbeton).

■ Grajska cesta 45, www.galerija-bj.si, Di–So 10–18, Mitte Juni–Mitte Sept. Fr, Sa bis 20 Uhr, 7 €, erm. 5 €, unter 18 Jahren frei

In der Umgebung

Kartuzija Pleterje

| Kloster |

Pleterje ist das letzte der einst vier aktiven Kartäuserklöster in Slowenien. Die einflussreichen Grafen von Celje ließen den weitläufigen gotischen Komplex (30 ha Fläche) errichten. Nach Türkenangriffen wurde er mehrfach restauriert. Besucher können nur die gotische Kirche besichtigen. Eine Multivisionsschau informiert über das stille Leben der Kartäusermönche, die sich weltweit auf 21 Klöster verteilen. Im Klosterladen wird selbst gebrannter Birnenschnaps mit Frucht in der Flasche verkauft.

■ Drča 1, Šentjernej, www.pleter.si, 5 €, erm. 4 €, nur Gruppenführungen, Anmeldung unter Tel. 07/308 12 23, Klosterladen Mo–Sa 7.30–17.30 Uhr

Muzej na prostem Pleterje

| Freilichtmuseum |

Zwischen typischen Bauernhäusern aus der Region leben Ziegen, Gänse und Hühner. Das Kloster Pleterje erhebt sich direkt gegenüber.

■ Drča 1, Šentjernej, April–Okt. 9–17 Uhr, 5 €, erm. 4 €

30 Brežice

Ein herrlich ausgemalter Rittersaal und ein großes Thermalbad locken Besucher

Information

■ TIC, Cesta prvih borcev 22, 8250 Brežice, Tel. 07/496 69 95, www.visitbrezice.si

Im Save-Tal (Posavje), in dem die Krka in die Sava mündet, erstreckt sich das beschauliche Städtchen Brežice (dt. Rann, 6800 Einw.). Die hübsch restaurierte Hauptstraße säumen Häuser mit roten Ziegeldächern, darüber erhebt sich ein mehr als 100 Jahre alter Wasserturm mit Fachwerk. Brežice ist die erste größere Stadt, auf die man stößt, wenn man die Autobahn von Zagreb nach Ljubljana nimmt.

Sehenswert

Grad Brežice

| Schloss |

Das Renaissanceschloss mit seinen vier Türmen und der einstigen Zugbrücke hütet ein wahres Juwel: den komplett mit barocken Fresken verzierten Rittersaal, dessen 8 m hohe Decken und 35 m langen Wände von Malereien geziert werden, die griechische Götter und Musen zeigen. Die modern präsentierte Museumssammlung (Posavski muzej) erzählt die turbulente Geschichte der Region Posavje, so auch von den Bauernaufständen im späten Mittelalter, während derer die Burg in Flammen aufging.

■ Cesta prvih borcev 1, www.pmb.si, Juni–Aug. Mo–Sa 10–20, So 14–20 Uhr, übrige Zeit kürzer, 5 €, erm. 3 €, Kombiticket mit Wasserturm 12 €, erm. 8 €

Kinder

Terme Čatež Die weitläufigen Thermen mögen auch die Kleinsten: Piratenschiff, Rutschen und Außenpools sorgen für Spaß. Tipp: Übernachten Sie in den Piratenbungalows (siehe »Das besondere Hotel«, S. 153). ■ Topliška cesta 35, Čatež ob Savi, www.terme-catez.si, ganzjährig, Außenpools Mai–Sept., 31 €, erm. 23 €

In der Umgebung

Repnica Najger

| Weinkeller |

Entlang der Weinstraße Bizeljsko–Sremič, die durch Sevnica, Krško und Brežice führt, gibt es traditionelle Rübenkeller zu entdecken: Die »repnice« (slow. »repa« = Rübe) sind alte Höhlen aus Quarzsand, der ein Überbleibsel des Pannonischen Meeres ist. Eine Vielzahl von ihnen wird heute als Weinkeller genutzt. In der Repnica Najger werden vier Sorten Wein verkostet.

■ Brezovica na Bizeljskem 32, Bizeljsko, Tel. 041/20 48 76, tgl. 9–21 Uhr

31 Podčetrtek

Unscheinbarer Ort mit hübschem Kloster und angesagter Wellness-Therme

Information

■ TIC, Cesta Škofja Gora 1, 3254 Podčetrtek, Tel. 03/810 90 13, www.visitpodcetrtek.com

Das Ortsbild von Podčetrtek (550 Einw.) prägt die vergessene Burgruine der Adelsfamilie Attems auf einem Hügel, die nach einem Erdbeben aufgegeben und im Lauf der Zeit geplündert wurde.

Der malerische Ausflugsort Olimje im Süden der Gemeinde erstreckt sich zwischen Weinbergen, Hügeln und touristischen Bauernhöfen. Wer hierherkommt, ist auf Entschleunigung aus, was in der mehrfach ausgezeichneten Therme oder dem stillen Kloster wunderbar möglich ist.

Sehenswert

Minoritski samostan Olimje

| Kloster |

Hinter der markanten blau-weißen Fassade des hübschen Renaissanceschlösschens Olimje von 1550 lebten zunächst Paulinermönche, heute beherbergt es ein Minoritenkloster. Die Himmelfahrtskirche bezaubert mit ihrem mächtigen Barockaltar und schönen Deckenmalereien. Die älteste Apotheke Sloweniens aus dem Jahr 1765 birgt heute ein Museum mit herrlichen Fresken, die berühmte Ärzte abbilden. Produkte aus dem Kräutergarten verkaufen die Mönche im Laden. ■ Olimje 82, www.olimje.net, Mo–Sa 9–12, 13–17/19, So 13–19 Uhr, 2 €, erm. 1 €

Einkaufen

In der charmanten **Čokoladnica Olimje** stapeln sich handgefertigte Pralinés und Schokolade (mit Rosmarin!). ■ Olimje 61, www.cokoladnica-olimje.si, tgl. 10–19 Uhr

Entspannung

Neuer Name, alte Thermentradition: Die früheren »Atomske toplice«, die ihren Namen von dem schwach radioaktiven Thermalwasser hatten, wurden vor einigen Jahren in **Terme Olimia** umbenannt. Der stylische Spa-Bereich »Wellness Orhidelia« mit stimmungsvollem Lichtkonzept zählt zu den besten des Landes. Familien finden im Termalni park Aqualuna ein großes Rutschenparadies und 3000 m² Wasserfläche. ■ Zdraviliška cesta 24, Tel. 03/ 8297000, www.terme-olimia.com, Aqua-

Wilde Rutschpartie: Alle Becken des Aqualuna-Parks sind mit Thermalwasser befüllt

luna: Mo–Fr 9–20, Sa, So 8–20 Uhr, Tageskarte ab 17 €, erm. 14 € (Fr–So Aufpreis).

32 Rogaška Slatina

Traditioneller Kurort mit bezaubernd nostalgischem Ambiente

Information

■ TIC, Zdraviliški trg 1, 3250 Rogaška Slatina, Tel. 03/5814414, www.visit-rogaska-slatina.si

Rogaška Slatina (dt. Rohitsch-Sauerbrunn, 5000 Einw.) gilt als das berühmteste Kurbad Sloweniens. Im 19. Jh. entdeckte der K.u.k.-Adel den örtlichen Bädertourismus mit Kuranlagen, Trinkhalle, Kurpark und Promenaden für sich. Das stark magnesiumhaltige Wasser wird heute als »Donat Magenesium Mg« in mehr als 30 Länder exportiert. Berühmt ist Rogaška Slatina auch für sein hochwertiges Bleikristallglas: Die örtliche Glasfachschule und die Glasfabrik Steklarna Rogaška fertigen das hübsche Glas noch mit der Hand und mit dem Mund. Am Ortsrand lohnt die moderne Architektur des Kunstzentrums Anin Dvor einen Blick.

ADAC Mittendrin

Die besten Mitbringsel an einem Ort: Hochwertige und regionaltypische **Souvenirs** werden in den meisten Touristeninformationen (TIC) verkauft, z. B. Salzblüte in Piran oder Honig in Radovljica. Dadurch spart man sich die Suche nach einem Souvenir- oder Delikatessengeschäft – und kurbelt die lokale Wirtschaft ein wenig an.

Sehenswert

Grand Hotel Rogaška

| Fassade |

Das nostalgische Kurhaus, mit klassizistischer Fassade in Schönbrunner Gelb, ist das Wahrzeichen von Rogaška Slatina. Der Kristallsaal mit imposanten Gemälden erinnert an die Zeit, als Kaiser Franz Joseph I. durch den Kurort flanierte. Im gepflegten Kurpark mit Jugendstilpavillon zeigt das Grafische Museum kostbare Zeichnungen und Drucke (Anina galerija).

■ Zdraviliški trg

Einkaufen

Das berühmte Bleikristallglas der **Steklarna Rogaška** wird hier bereits seit dem Jahr 1927 hergestellt. Im Fabrikverkauf (Rogaška Crystal Outlet) sind Schnäppchen mit geringen Makeln zu erwerben. ■ Ulica talcev 1, www.steklarna-rogaska.si, Mo–Fr 10–18, Sa 8–13 Uhr

In der Umgebung

Muzej na prostem Rogatec

| Freilichtmuseum |

Im größten slowenischen Open-Air-Museum wurden Bauernhäuser, Heuharfen und Bienenstöcke aus dem 19. und frühen 20. Jh. zusammengetragen. In der Nähe erhebt sich das restaurierte Schloss Strmol (Grad Stromol) mit Museum und Werkstätten, die Workshops in verschiedenen Kunsthandwerken anbieten (Glasbläserei, Töpfern, Weben und Korbflechten).

■ Museum: Ptujska cesta 23, Rogatec; Schloss: Pot k ribniku 3, Rogatec, www.rogatec.si, Museum und Schloss April–Okt. Di–So 10–18, Nov.–März Sa 10–16 Uhr, Eintritt jeweils 6 €, erm.4 €

Auf die Spuren von Kaiser Ferdinand begeben sich Gäste im Grand Hotel Rogaška

33 Celje

Die Stadt der Grafen überrascht mit antikem Erbe und einer mächtigen Burg

Information

■ TIC, Glavni trg 17, 3000 Celje, Tel. 03/ 428 79 36, www.visitcelje.eu (Zweigstelle des TIC im Sommer in der Burg Celje)

Eine wunderbare Mischung aus nostalgischen K.u.k.-Fassaden, beeindruckenden Museen mit römischem Erbe sowie eine der mächtigsten Burganlagen Sloweniens kennzeichnen Celje (dt. Cilli, 38 000 Einw.). Die drittgrößte slowenische Stadt, auf halbem Weg zwischen Ljubljana und Maribor an der Savinja gelegen, steht oft im Schatten ihrer beiden größeren Mitstreiterinnen. Zu Unrecht! Bei Bauarbeiten werden bis heute immer wieder römische Fundamente entdeckt. Und von der mittelalterlichen Stadtmauer sind noch Reste erhalten, etwa der Wachturm in der Nähe des Savinja-Ufers.

Sehenswert

Stari grad

| Burg |

9 *Wo man mitten in Slowenien noch echte Ritter treffen kann*

Die mächtigste Burgruine des Landes thront auf einem 400 m hohen Hügel über Celje – mit wundervollem Fernblick in alle Himmelsrichtungen. Die Grafen von Cilli, die unabhängig von den Habsburgern regierten und zu den einflussreichsten Familien in Mitteleuropa gehörten, hatten hier zunächst ihren Sitz – zogen später jedoch ins Untere Schloss (siehe Knežji dvor, S. 149) im Zentrum. Die noch erhaltenen Ring- und Wehrmauern wurden

Die Altstadt von Celje glänzt mit einem einzigartigen architektonischen Erbe

hübsch restauriert, ebenso der 23 m hohe Fredericksturm (Friderikov stolp). Ein modernes Mini-Folterkabinett ergänzt die Ausstellung. Am Wochenende trifft man dort »echte« Ritter und Schwertkämpfer (April–Okt.).

■ Cesta na grad 78, www.grad-celje.com, Mai, Sept. 9–20, Juni–Aug. 9–21, übrige Zeit mind. 10–16 Uhr, 4 €, erm. 1 €

Altstadt

| Ortsbild |

Hübsche Fassaden prägen den autofreien Platz Krekov trg, der sich vom Bahnhof ins Zentrum zieht. Unter den Gebäuden stechen das neogotische Palais des Deutschen Kulturhauses (Celjski dom), die Stadtsparkasse mit Spitztürmchen oder das nostalgische Hotel Evropa hervor. Die Bronzestatue der Weltreisenden Alma Karlin ist ein beliebtes Fotomotiv. Die Verlängerung, Prešernova ulica, mündet in den Hauptplatz Glavni trg, der sich in Richtung der Savinja-Uferpromenade erstreckt. Der massive, runde Wasserturm in Flussnähe stammt noch aus dem 15. Jh.

Pokrajinski muzej Celje

| Museum |

Das Regionalmuseum verteilt sich auf zwei Gebäude. Die Alte Grafei, ein Renaissancebau mit zweistöckigen Arkaden, besticht mit einer sehr plastisch wirkenden berühmten Deckenmalerei (Celjski strop). Eine Ausstellung widmet sich der spannenden Geschichte der Weltenbummlerin Alma Karlin (1889–1950): In den Zwischenkriegsjahren zog es die junge Frau aus Celje allein in viele fremde Länder. Ihre fesselnden Erinnerungen hielt sie mit ihrer Reiseschreibmaschine fest. Lesetipp: Ihr Titel »Eine einsame Weltreise« ist auch auf Deutsch erschienen.

■ Muzejski trg 1, www.pokmuz-ce.si, März–Okt. Di–So 10–18, Nov.–Feb. Mo–Fr 10–16, Sa 9–13 Uhr, 7 €, erm. 4 €

Knežji dvor

| Museum |

Im Fürstenhof, dem zweiten Gebäude des Regionalmuseums, verschmelzen die Epochen miteinander. Eine Ausstellung zeichnet das Leben der Grafen von Celje nach und zeigt sogar einige ihrer Schädel. Der Prunkbau steht auf römischen Ruinen, die »in situ« in der Ausstellung »Celeia – mesto pod mestom« (Celeia – die Stadt unter der Stadt) präsentiert werden. Die Fundamente von antiken Villen sind ein Beleg für das Alter und die Bedeutung der Stadt.

■ Trg Celjskih knezov 8, Öffnungszeiten siehe Pokrajinski muzej, Kombiticket

Parken

Parkhaus **Celeiapark** in Bahnhofsnähe (Aškerčeva ulica 14, Mo–Sa 6–22 Uhr).

Restaurants

€€ | **Gostilna in pivnica Stari Pišker** Immer was los ist in diesem Pub-Restaurant, das mit Burgern, Steaks und frisch gezapftem Bier lockt. ■ Savinova ulica 9, www.stari-pisker.com, Mo–Do 10–22, Fr, Sa 10–24 Uhr

ADAC Spartipp

Erst vor wenigen Jahren legten Archäologen die Grundmauern einer römischen **Villa rustica** mit Bodenmosaiken frei. Mit Glasboden und stimmungsvoller Beleuchtung wurden die Ausgrabungen aus dem 3. Jh. in Szene gesetzt und sind nun im Foyer des TIC Celje zu besichtigen – kostenlos!

Glavni trg 17, Mo–Fr 10–19, Sa, So 10–17 Uhr

Cafés

Kavarna Evropa Nostalgisches K.u.k.-Kaffeehaus mit Kronleuchtern, eleganten Säulen und den vermutlich besten Torten der Stadt. Selten geworden ist türkischer Mokka mit Bodensatz, der hier im Kupferkännchen serviert wird.

■ Krekov trg 4, Tel. 03/426 96 09, Mo–Do 7–23, Fr, Sa 7–24, So 8–22 Uhr

Kinder

Bei der Berghütte **Celjska koča** wird in der kalten Jahreszeit gerodelt, mit einem 60 m langem Ski-Laufband für Kinder. In den Sommermonaten begeistern eine Bobkart-Rodelbahn, ein Kletterpark und eine Rutsche mit aufblasbaren Reifen den Nachwuchs.

■ Pečovrnik 31, Pečovrnik (10 km südl. von Celje) www.celjska-koca.si

In der Umgebung

Fontana piv, Žalec

| Bierfontäne |

Das Selbstzapfen ist das Motto dieses Hopfenstädtchens

Im Sommer rankt sich der Hopfen üppig auf den Feldern rund um Žalec. International bekannt wurde der Ort durch seine öffentliche Bierfontäne Zeleno Zlato (»Grünes Gold«) in der Ortsmitte, die weltweit einzigartig ist. Die Spielregeln sind klar: einfach ein Spezialglas mit Mikrochip am Kiosk nebenan besorgen und sechs Sorten regionales Bier selbst zapfen. Im Sommer herrscht Volksfestatmosphäre mit Bierbänken.

■ Savinjska cesta 11, www.beerfountain.eu., April–Okt. tgl. mind. 11–18 Uhr, Juni–Aug Mo 11–21, Di–Do, So 10–21, Fr/Sa 10–22 Uhr.

Eko muzej hmeljarstva, Žalec

| Museum |

Ein süßlicher Duft empfängt Besucher im Hopfenmuseum in einem ehemaligen Lagerhaus. Mit altem Gerät, einem schwarz-weißen Infofilm (dt.) und nostalgischer Bierreklame. Im Shop gibt es nette Mitbringsel, z. B. Hopfentee.

■ Cesta Žalskega tabora 2, Žalec, www.turizem-zalec.si, Di–Sa 10–16 (nach Voranmeldung: www.turizem-zalec.si), 4 €, erm. 3 €, auch Kombiticket mit Bierfontäne

Kartuzija Žiče

| Klosterruine |

In einem schmalen, abgeschiedenen Tal verstecken sich die Ruinen des Kartäuserklosters Žiče (dt. Seitz). Hinter den verwunschen wirkenden gotischen Wehrtürmen lebten die Kartäusermönche gut sechs Jahrhunderte. Als Kaiser Joseph II. die Zahl der Klöster im Land 1782 per Dekret verringerte, wurde die Anlage aufgegeben. Ein Teil wurde bereits restauriert. Im Wirtschaftsgebäude werden Tees aus dem eigenen Kräutergarten verkauft, eine Ausstellung erinnert an die Klostergeschichte. Das Gasthaus (»gastuž«) aus dem 15. Jh. zählt zu den ältesten in Mitteleuropa.

■ Špitalič pri Slovenskih Konjicah 9, Besichtigung mit Audioguide

34 Laško

Beschaulicher Ort mit bekannter Bierbrau- und Badetradition

Information

■ TIC, Valvasorjev trg 1, 3270 Laško, Tel. 03/733 89 50, www.lasko.info

Der ruhige Kurort Laško (dt. Tüffer, 3400 Einw.) erstreckt sich zu beiden Seiten des Flusses Savinja, in eine Hügellandschaft südlich von Celje eingebettet. Ein Spazier- und Radweg führt am Fluss entlang durch einen kleinen Kurpark. Die Heilquellen in der Umgebung schätzte schon der K.u.k.-Adel. Laško ist Sitz der gleichnamigen Großbrauerei, die die landesweit populären Biersorten Zlatorog und Laško produziert.

Restaurants

€€€ | **Pavus Grad Tabor** Hoch über dem Städtchen thront die Burg Tabor mit sehr empfehlenswertem, kreativem Brauereirestaurant. ■ Cesta na Svetino 23, Tel. 03/620 07 23, www.pavus.si, Di–Sa 12–22 Uhr

Entspannung

Thermana Laško Ob Sonnenlicht oder Sternenhimmel: Die gläserne Kuppel der Therme schafft in den Innenpools mit Wasserrutsche ein lichtdurchflute-

ADAC Wussten Sie schon?

Das Provinzstädtchen Sevnica ist weltberühmt. Hier verbrachte die in Novo Mesto geborene ehemalige First Lady der USA, **Melania Trump** (Jg. 1970) ihre Kindheit und Jugend. In der Nähe ihrer ehemaligen Schule serviert ein Café »Melanija-Torte« mit weißer Schokolade. 2019 wurde im Nachbarort Rožno eine Holzskulptur von Melania Trump im hellblauen Kleid, das sie bei der Vereidigung ihres Mannes trug, aufgestellt, die der amerikanische Street-Art-Künstler Brad Downey entworfen hatte. Im Jahr darauf wurde sie in Brand gesetzt.

Zu Füßen der Burg Tabor liegt direkt am Fluss Savinja das Kurbad von Laško

tes Ambiente. Es gibt weitere Außenpools und einen modernen Saunabereich. ■ Zdraviliška cesta 4, www.thermana.si, So–Fr 9–21, Fr, Sa bis 22, Außenbecken Sommer tgl. 9–21 Uhr, ab 14 €

Erlebnisse

Durchs Museum der **Brauerei Laško** führt ein Braumeister. (Fr 14.30 Uhr, 17 €, Anmeldung: www.lasko.info/de/erlebnisse).

In der Umgebung

Rimska nekropola, Šempeter

| Ausgrabungen |

Sehr gut erhaltene, kunstvolle römische Grabmäler wurden 1952 zufällig bei Erdarbeiten ausgehoben. Sie zeugen von der einstigen Römerstraße, die hier vor gut 2000 Jahren verlief.

Grad Sevnica

| Burg |

Auf einem malerischen Hügel überragt die Burg Sevnica das gleichnamige Städtchen (dt. Lichtenwald, 5000 Einw.) im unteren Savinja-Tal. Sie zieren vier Rundtürme mit Spitzdach, ein hübscher Arkadenhof und eine interessante Ausstellung, die u. a. über die Deutschen aus Gottschee informiert. Unterhalb am Hang besticht der Luther-Keller mit hübschen Fresken, hier traf sich die lutherische Gemeinde im 16. und 17. Jh. heimlich. Die Reben des hauseigenen Weinbergs verarbeiten lokale Winzer im Wechsel, den Ertrag gibt es in der Burgkellerei.

■ Cesta na Grad 17, Tel. 07/816 54 40, Burg: www.kstm.si/grad-sevnica.html, April–Okt. Di–Fr 12–18, Sa, So 10–18 Uhr, Führung 12.30, 14.30, 16.30, Sa, So auch 10.30 Uhr

Übernachten

In Sloweniens Südosten finden sich vor allem kleinere, familiäre Unterkünfte. Urig sind Weinberghäuschen, die als Ferienhäuser vermietet werden (Infos bei den TIC). Luxuriöse Schlösser oder Hotels, die direkt an die Thermalbäder angeschlossen sind, haben oftmals ihre Stammgäste. Viele Unterkünfte werden von Durchreisenden auf dem Weg nach Kroatien gebucht. Die Übernachtungspreise sind meist fair und schwanken saisonal nicht so stark wie am Meer oder in den Bergen.

Kočevsko 138

€ | Gostišče Veronika Charmante Zimmer birgt die alte Villa mit Spitztürmchen im skandinavischen Stil. Mit Restaurant (10–14 und 18–21 Uhr) und kostenfreien Parkplätzen. ■ Ljubljanska cesta 35, 1330 Kočevje, Tel. 01/895 30 17, www.gostisce-veronika.com

Bela krajina 139

€ | Hotel Bela krajina 26 geräumige, saubere Zimmer, Parkplätze und ein gutes Restaurant mit Tagesgerichten erwarten Gäste im Ortskern. ■ Cesta bratstva in enotnosti 28, 8330 Metlika, Tel. 07/305 81 23, www.hotel-belakrajina.si

Novo Mesto 140

€€ | Center Hotel Beste Lage am Hauptplatz von Novo Mesto mit 17 komfortablen Zimmern mit Dusche. Die Sparzimmer unter dem Dach teilen sich ein Gemeinschaftsbad. ■ Glavni trg 23, 8000 Novo Mesto, Tel. 07/302 18 00, www.hotel-center.si

€€€ | Hotel Grad Otočec Stimmungsvolles Schlosshotel 8 km östl. vom Zentrum mit 16 luxuriösen Zimmern und Suiten, großzügigem Bad und Café-Restaurant im Innenhof. Golf- und Feinschmecker-Pakete zubuchbar. ■ Grajska cesta 2, 8222 Otočec, Tel. 08/205 03 10, www.grad-otocec.com

Brežice 144

€ | Hotel Splavar Schlichte und erschwingliche Zimmer im Zentrum von Brežice, mit hauseigenem Café (tgl.) und Restaurant (Mo–Sa). ■ Cesta prvih borcev 40 a, 8250 Brežice, Tel. 051/ 40 06 10, www.splavar.si

€€ | Villa Istenič Janež Istenič gehört zu den erfolgreichsten slowenischen Schaumweinerzeugern. Seine Gäste in der vanilleeisgelben Villa 11 km nordöstl. von Brežice bewirtet er mit einem Gläschen Sekt. ■ Stara Vas 7, 8259 Bizeljsko, Tel. 07/495 15 59, www.istenic.si

€€€ | Hotel Golf Grad Mokrice Das malerische Schloss beherbergt ein Vier-Sterne-Hotel mit Weinkeller. Ein Park mit Kapelle, Obstgarten und 18-Loch-Golfplatz ergänzen das stilvolle Anwesen 11 km südöstl. von Brežice. ■ Rajec 4, 8261 Jesenice na Dolenjskem, Tel. 07/457 42 40, www.mokrice-castle.com

Podčetrtek 144

€ | Pension Amon Eingebettet in eine schöne Natur, moderne Zimmer, vielfältiges Frühstücksbüfett und Restaurant mit regionalen Produkten. Mit eigenem Golfplatz, Spielplatz, Fahrradverleih. ■ Olimje 24, 3254 Podčetrtek, Tel. 03/818 24 80, www.amon.si

Rogaška Slatina 146

€€ | Grand Hotel Rogaška Historisches Luxushotel in schönstem K.u.k.-Ambiente im Kurpark, mit hohen Decken, Pools, Wellnesscenter und Restaurants. Die 194 Zimmer mit unterschiedlichem Komfort verteilen sich auf drei Flügel. Im Kristallsaal wird das Essen serviert, Nostalgie pur! ■ Zdraviliški trg 11, 3250 Rogaška Slatina, Tel. 03/811 20 00, www.rogaska-resort.com

Celje 147

€€ | Hotel A Komfortables, modernes Hotel mit 47 Zimmern unweit der Autobahn mit Wellness- und Fitnessbereich sowie vorzüglichem Frühstück. ■ Mala Pirešica 20, 3301 Petrovče bei Celje, Tel. 03/571 55 55, www.hotel-a.si

€€€ | Hotel Evropa Das nostalgische Hotel in Celjes Altstadt mit mittelalterlichem Turm und Blick auf das Schloss Celje besteht bereits seit dem Jahr 1873. Angeschlossen ist ein hervorragendes Kaffeehaus, Parkplätze stehen kostenlos zur Verfügung. Auch der Bahnhof ist nicht weit. ■ Krekov trg 4, 3000 Celje, Tel. 04/26 90 00, www.hotel-evropa.si

Laško 150

€€ | Penzion Vila Monet Familiäre, freundliche Unterkunft mit großzügigen Zimmern am Ufer der Savinja. Das Café im Erdgeschoss serviert leckeren Kuchen, und ist ein beliebtes Ausflugziel nach einem Spaziergang am Fluss. ■ Savinjsko nabrežje 4, 3270 Laško, Tel. 08/205 07 51, www.vilamonet.si

ADAC Das besondere Hotel

Pirat auf Zeit? Auf dem familienfreundlichen Campingplatz der **Terme Čatež** (S. 144) geht das: 20 schwimmende Bungalows im Piratenstil wurden – mit Geländern gut abgesichert – in einen kleinen See hineingebaut. Die komfortablen Hütten mit Strohdach haben Terrasse und Mini-Küche. Wer mit dem eigenen Wohnmobil unterwegs ist oder lieber im Hotel übernachtet, findet in der Ferienlage verschiedene Unterkünfte für jeden Geschmack. Spielplätze, Kinderanimation, freier Eintritt in die Therme.

€€ | Topliška cesta 35, 8250 Brežice, Tel. 07/620 78 10, www.terme-catez.si

Maribor und der Nordosten

Hölzerne Windräder, Weinberge und Thermalquellen prägen das östliche Slowenien an der Grenze zu Österreich, Ungarn und Kroatien

Skifahren bei Flutlicht? Das machen die Bewohner der zweitgrößten slowenischen Stadt Maribor gerne nach Feierabend, denn das Pohorje-Gebirge wellt sich hier zum Skigebiet hinauf. Das gemütliche Städtchen lockt mit einer regen Kneipenszene, Weinkellern und einem der größten Open-Air-Festivals Südosteuropas. Kleine verträumte Dörfchen, umgeben von Weinbergen prägen hingegen die Hügelregion Slovenske Gorice und deren östliche Ausläufer in der Prlekija bis hin zur kroatischen Grenze. Hügelkuppen wurden wehrhafte Schlösser aufgesetzt, die heute – oft hübsch restauriert – auf Besucher warten. Dazu gehört Ptuj an der Drava, das mit Burgberg und der malerischen Altstadt zu den schönsten Orten Sloweniens gehört.

Weiter westlich wird die sozialistische Planstadt Velenje zunehmend als Ausflugsziel mit spannendem Schaubergwerk entdeckt. Im verschlafenen Slovenj Gradec stoppen viele nur auf einen Kaffee auf dem Weg nach Österreich, die moderne Kunst lohnt jedoch einen zweiten Blick. Thermalquellen sprudeln im gesamten Nordosten Sloweniens unter der Erde, in Bädern wie Radenci kommen sie an die Oberfläche.

Je weiter man nach Osten reist, umso flacher wird die Landschaft. Störche nisten in den pannonischen Straßendörfern des Prekmurje, dem historischen Übermurgebiet, das weit nach Ungarn hineinragt. Ab Murska Sobota ist die Puszta nicht mehr weit – und entlang der modernen Autobahn ohnehin nicht. Bei Lendava, wo Ungarn und Slowenen friedlich miteinander leben, überblickt der »slowenische Eiffelturm« die Weinberge der Grenzregion. Wer gute Weine, üppiges Essen und Gastfreundschaft schätzt, kann im Nordosten Sloweniens zu fast jeder Jahreszeit prima entschleunigen.

In diesem Kapitel:

ADAC Top Tipps:

Ptujski grad, Ptuj
| Schloss |
Hoch auf dem Burghügel überblickt das Schloss die malerische Altstadt von Ptuj an der Drava. Der Renaissancehof beherbergt ein interessantes Museum zur Regionalgeschichte. 162

ADAC Empfehlungen:

Lent, Maribor
| Stadtviertel |
Das Ufer der Drava verwandelt sich im Sommer in ein einziges großes Straßencafé und Konzertgelände. 158

Vinagova klet, Maribor
| Weinkeller |
Unter dem Schlossplatz reihen sich auf einer Länge von 2,5 km Weinfässer und Flaschen aneinander. 160

Muzej premogovništva Slovenije, Velenje
| Bergbaumuseum |
Eine Brotzeit im »tiefsten Speisesaal der Welt« rundet die Stollentour ab. ... 167

Stolp Vinarium, Lendava
| Aussichtsturm |
Der »slowenische Eiffelturm« erhebt sich mitten in den Weinbergen – mit Vier-Länder-Panoramablick. 170

35 Maribor

Die Stadt an der Drava besticht mit gemütlichem Flair

Die Alte Brücke von Maribor entstand in der Schlussphase der K.u.k.-Monarchie

Information

- TIC, Partizanska cesta 6a, 2000 Maribor, Tel. 02/2346611, www.maribor-pohorje.si
- Parken siehe S. 158

Maribor, das alte Marburg an der Drau, ist das kulturelle und wirtschaftliche Herz der Štajerska. Obwohl die zweitgrößte Stadt (95000 Einw.) Sloweniens, wirkt alles sehr gemütlich – zumindest in der barocken Altstadt, wenn man die Häuserblocks und Fabriken an der Peripherie hinter sich gelassen hat. Im Norden säumen Weinberge den Ort, südlich wellt sich das bewaldete Pohorje-Skigebirge am Stadtrand, wo viele gleich nach Feierabend Ski fahren gehen. Es sind nicht die Top-Highlights, die man in Maribor nicht verpassen darf, sondern das Gesamtbild, das den Charme der »Europäischen Kulturhauptstadt 2012« ausmacht. Ein entspannter Bummel durch die gepflasterte Altstadt mit ihrem ziegelroten Dächergewirr führt auch durch das längst vergangene jüdische Maribor.

Am Ufer der Drava, die in Österreich als Drau fließt, erstreckt sich das frühere Flößerviertel, in dem sich heute gut besuchte Straßencafés aneinanderreihen. Bei einem Glas Wein mit Fluss-

Plan
S. 159

blick lässt es sich prima entschleunigen. Wem das noch nicht reicht: Auch Maribor ist auf Thermalwasser gebaut, das in der örtlichen Therme sprudelt.

Sehenswert

1 Glavni trg

| Platz |

Maribors mittelalterlicher Hauptplatz erstreckt sich nördlich der Drava, auf Höhe der Hauptbrücke. Venezianische Handwerker zogen im 16. Jh. das Rathaus (Rotovž) empor, das im Erdgeschoss auf einen Espresso im Straßencafé einlädt. Renaissance und Barock prägen die umliegenden Fassaden. Die Mariensäule am Platz ist ein Mahnmal: Sie erinnert an die Pest, an der um das Jahr 1680 mehr als ein Drittel der Stadtbevölkerung starb.

2 Stolnica Sv. Janeza Krstnika

| Kathedrale |

Im Dom, mitten in der Stadt, lassen sich mehrere Architekturstile gut erkennen: 1248 im romanischen Stil gebaut, wurden später Kirchenschiff und Chor gotisiert, ehe zwei barocke Kapellen und ein klassizistischer, 57 m hoher Turm hinzukamen. Modern sind die hohen, lichtdurchfluteten Buntglasfenster. Der Turmaufstieg wird mit einem wunderbaren Blick auf die Stadt belohnt.

■ Slomškov trg 20, Gottesdienste: So 7, 8.30, 10, 11, 19, Mo–Sa 6.30, 7, 8, 19 Uhr; Kirchturm: im Sommer Fr, Sa 10–13, 16–19 Uhr, Eintritt frei, Spende erbeten

3 Pokrajinski muzej

| Museum |

Das Stadtschloss (Mestni grad) aus dem 15. Jh. nimmt seine Besucher mit auf eine Zeitreise: Von Steinzeitfunden über eine Ritterrüstung, die anprobiert werden darf, bis hin zu altem Apothekergerät und Musikinstrumenten findet sich hier eine modern aufbereitete und vielfältige Sammlung. Das Rokoko-Treppenhaus in Himbeerrosa verleiht dem Haus einen besonderen Charme. Vor dem Schloss thront eine mächtige Weltkugel, die an eine Glatze erinnert und von den Einheimischen daher nur »kojak« genannt wird.

■ Grajska ulica 2, www.museum-mb.si, Di–Sa 10–18, So 10–14, 8 €, erm. 5,50 €

Lent

| Stadtviertel |

Hübsch verputzte Häuser und Cafés prägen das Quartier am Fluss

Das in früherer Zeit verrufene Flößerviertel am Ufer der Drava besticht mit engen Gassen, alten Handwerkerhäusern und Resten der Stadtmauer. An lauen Sommerabenden treffen sich die Einheimischen gerne in einem der Straßencafés am Fluss. Das Westende des Viertels markiert der Gerichtsturm (Sodni stolp), das östliche Ende die Brücke Stari most.

Stara trta

| Weinrebe |

Die älteste Weinrebe der Welt sicherte Maribor einen Eintrag ins Guinness-Buch der Rekorde: Seit 450 Jahren rankt sich der Weinstock am Haus der Alten Rebe (Hiša Stare trte) im Lent-Viertel empor und spendet pro Jahr immer noch rund 25 l Wein. Den gibt es in Mini-Flaschen für besondere Gäste der Stadt. Das restaurierte Gebäude, das früher zur Wehrmauer gehörte, beherbergt heute eine moderne Vinothek. ■ Vojašniška ulica 8, www.staratrta.si, Weinverkostung ab 8,50 €

Sinagoga

| Synagoge |

Nördlich des fünfeckigen mittelalterlichen Wasserturms (Vodni stolp) am Drava-Ufer erstreckt sich das ehemalige jüdische Viertel mit dem Židovski trg (Judenplatz). Die weiß getünchte Synagoge mit rotem Spitzdach aus dem Jahr 1429 ist heute ein Kulturzentrum. Eine Ausstellung mit Film zeigt das Leben der jüdischen Bevölkerung, die im 16. Jh. ins Exil gedrängt wurde. ■ Židovska ulica 4, www.sinagogamaribor.si, Mo–Fr 8–16 Uhr, 2 €

Piramida

| Aussichtshügel |

Hinter dem Stadtpark erhebt sich der Pyramidenberg, ein Aussichtshügel auf 386 m Meereshöhe. Durch Weinberge geht es in gut 20 Minuten hinauf zur Marienkapelle, die an der Stelle der früheren »Marchpurg« thront. Dort oben angekommen, liegt einem ganz Maribor zu Füßen! Ein Pfad führt weiter auf den Kalvarienhügel, Kalvarija (375 m), mit Rebstöcken und einer barocken Kapelle.

Verkehrsmittel

Kirschrote Elektrovehikel mit dem Namen **Maister** kutschieren Passagiere kostenlos durch die Altstadt von Maribor (Tel. 030/10 00 35).

Parken

Es gibt vier **Parkzonen** und fünf **Parkhäuser** in der Innenstadt. Das Abschleppen falsch geparkter Autos oder eine Kralle am Auto kosten 100 Euro.

Restaurants

€€–€€€ | Jack & Joe Steak and Burger Club Der Name sagt alles: Hier kommen Fleisch-Fans auf ihre Kosten. Ein Tipp ist der Trüffel-Burger! ■ Ob bregu 20, www.jackandjoe.si, Tel. 051/37 06 21, tgl. 12–23 Uhr, Plan S. 159, westl. a3

€€€ | Restavracija MAK Chefkoch David Vračko hat sich mit seinen kreativen Gerichten und einer grandiosen Kulinarik-Show auf höchstem Niveau viele Slow-Food-Anhänger erkocht. Unbedingt frühzeitig reservieren! ■ Osojnikova ulica 20, Tel. 02/620 00 53, www.restavracija-mak.si, Mi–Sa 12–15, 18–21.30 Uhr, Plan S. 159, östl. c3

Cafés

Vodni stolp Vor dem mittelalterlichen Wasserturm sitzt man bei schönem Wetter an kleinen Kaffeetischen am Drava-Ufer. ■ Usnjarska ulica 10, Mo–Do 11–22, Fr 11–24, Sa 10–24, So 10–19 Uhr, Plan S. 159, b3

Einkaufen

Tržnica Auf dem Wochenmarkt werden köstliche regionale Erzeugnisse wie Kürbiskernöl oder Honig feilgeboten. ■ Vodnikov trg 7, Di–Sa 7–13, So 7–12 Uhr, Plan S. 159, westl. a2

Konzerte

MC Pekarna Die ehemalige Bäckerei des jugoslawischen Militärs ist das alternative Kultur- und Konzertzentrum im Süden der Stadt. ■ Ob železnici 16, www.pekarna.net, Plan S. 159, südl. a3

Events

Beim bunten **Festival Lent** verwandeln Konzerte, Folklore, Straßentheater und Open-Air-Kino die Stadt in eine große Bühne. Mehr als eine halbe Million Menschen bevölkern beim größten Open-Air-Festival Sloweniens die Gassen. ■ Ende Juni

Die **Trauben der Alten Rebe** (Stara trta) werden jedes Jahr Ende September gelesen. Zu diesem Anlass findet ein großes Fest mit Musik , der traditonellen Flößertaufe, einem Bauernmarkt und einem Gläschen Wein statt. Die Feierlichkeiten zu Ehren der ältesten Rebe der Welt dauern vier Tage.

Erlebnisse

Floßfahrten Traditionelle Fahrten mit dem Floß entlang der Drava mit Blasmusik und zünftiger Brotzeit. ■ Zwischen Alter Rebe und dem Gasthaus Koblarjev zaliv, Infos beim TIC, 25 €

23 **Vinagova klet** Das große Weinfass am Platz Trg svobode weist den Weg in einen der größten unterirdischen Weinkeller Europas. Man kann am Rundgang mit Weinverkostung teilnehmen. ■ Trg svobode 3, www.vinag1847.si, Führung mit Verkostung tgl. 12, 14, 16, 18 Uhr, 20–35 €, Plan S. 159, b2

In der Umgebung

Mariborsko Pohorje
| Gebirge |
Das Bachergebirge bietet auf 42 km sanfte, familienfreundliche Ski- und Snowboardpisten. Die Seilbahn zieht ab dem Wellness-Hotel Habakuk Besucher auf 1040 m Meereshöhe hinauf. Weitere Highlights sind der Bike Park Pohorje (MTB), ein Hochseilgarten, eine Sommerrodelbahn und ein Energetischer Wanderweg. Es gibt Ski- und Snowboardkurse, Ausrüstung kann an der Bergstation geliehen werden.
■ Pohorska ulica 60, www.mariborskopohorje.si, Bikepark Maribor Pohorje: www.bikeparkpohorje.si, März–Okt., Do–So 9–19 Uhr, 19 €

36 Prlekija

Sorgsam gekämmte Weinberge, Spitzenweine und klappernde Windräder

Information

■ TIC, Glavni trg 4, 9240 Ljutomer, Tel. 02/584 83 33, www.jeruzalem-slovenija.si; Zweigstelle in der Vinothek Jeruzalem

Die friedliche Hügellandschaft zwischen Drava und Mura ist für ihren eigentümlichen Dialekt und für ihre guten Weißweine bekannt: Flaggschiff ist der Furmint, den die Slowenen Šipon

Der winzige Weinort Jeruzalem wurde im 13. Jh. von deutschen Kreuzrittern gegründet

nennen. Die Landschaft prägen Klapotez-Windräder, die laut klappernd Vögel aus den Weinbergen vertreiben sollen. Die Hügelkette Slovenske Gorice (dt. Windische Bühel) mit bis zu 400 m hohen Bergkuppen geht im Osten in die bekannten Weinstraßen rund um Ormož, Ljutomer und Jeruzalem über. Die Weinrouten, die sich auch gut mit dem Fahrrad bewältigen lassen, führen wunderbar entschleunigt an knorrigen Rebstöcken, Weinkellern und Buschenschänken vorbei.

Sehenswert

Ljutomer

| Ortsbild |

Die größte Stadt der Prlekija, das frühere Luttenberg (3600 Einw.), hat einen beschaulichen Hauptplatz (Glavni trg) mit Mariensäule und klassizistischem Rathaus. Bis zur gotischen Kirche Sv. Janez Krstnik (hl. Johannes der Täufer) sind es nur wenige Meter.

Jeruzalem

| Weindorf |

Dieses idyllische 50-Seelen-Weindorf thront auf dem höchsten Hügel der Umgebung mit 341 m Meereshöhe. Neben der Pfarrkirche in der Ortsmitte findet sich das Herrenhaus Dvorec Jeruzalem, heute ein gepflegtes Boutique-Hotel mit Restaurant und üppigem Garten. An klaren Tagen reicht der Blick von hier sogar bis zum ungarischen Balaton-See.

Vinska cesta Ormož–Ljutomer

| Weinstraße |

Das naturgeschützte Hügelland zwischen Ljutomer und Ormož (Krajinski park Ormoško-Jeruzalemske gorice) ist der östlichste Ausläufer der Slovenske Gorice. Durch terrassenförmig angelegte Weinberge geht es zu Winzern, Buschenschänken und Gasthöfen, die regionale Spezialitäten auftischen. Besonders malerisch ist der Abschnitt zwischen Svetinje und Jeruzalem, der sich als schöner Spaziergang in 30 Minuten zurücklegen lässt.

Ormož

| Ort |

Die Kleinstadt (dt. Friedau, 2200 Einw.) schmiegt sich an die Drava, die die Grenze zu Kroatien markiert. Die mittelalterliche Wehrburg mit Arkadenhof wurde zum Kulturzentrum mit Museum und Vintage-Shop mit Café umgestaltet. Eine Ausstellung erinnert daran, dass in Ormož während des 10-Tage-Krieges am 27. Juni 1991 die ersten Kampfhandlungen im ehemaligen Jugoslawien stattfanden.

Haloze

| Landschaft |

Der schmale Landstrich südlich der Drau und der kroatischen Grenze umfasst wenige, recht abgeschiedene Dörfer. Einen Stopp lohnt die Höhenburg Grad Borl, das frühere Schloss Ankenstein, das auf einem 60 m hohen Felsen über Cirkulane thront. Die Burgwände sind hier bis zu 12 m dick!

■ www.borl.si

Mlin na muri, Veržej

| Schiffsmühle |

Früher gab es zahlreiche pannonische Schiffsmühlen auf der Mura, heute betreibt die Familie Babič eine der letzten: Seit über 100 Jahren wird im Mühlhaus am Ufer, das besichtigt werden kann, Weizen gemahlen. Das Mühlrad hingegen dreht sich im Fluss und ist zwischen zwei Booten befestigt. Ein schönes Mitbringsel ist eine Tüte frisch gemahlenes Mehl oder Buchweizen. ■ Mlinska cesta 25 (am Sportplatz vorbei, in den Waldweg einbiegen), Veržej, Mo–Fr 8–16.30, Sa 8–14 Uhr, 1 €

Erlebnisse

In den **Weinkeller** (Vinska klet) der Familie Puklavec in Ormož führen 170 Stufen 25 m tief unter die Erde. Über sieben Stockwerke verteilen sich Verkostungsbereich und Weinarchiv mit 254 000 Flaschen. Die Winzerfamilie bietet auch Weinproben im Weinberghäuschen Zidanica Malek in Svetinje an. ■ www.jeruzalem-ormoz.com, April nur Fr–So, Mai–Nov. tgl. 11–18 Uhr, Weinprobe nach Voranmeldung

37 Ptuj

Eine der ältesten slowenischen Städte spiegelt sich im Wasser der Drava

Information

■ TIC, Mestni trg 4, 2250 Ptuj, Tel. 02/779 60 11, www.visitptuj.eu

Rote Ziegeldächer, gepflasterte Altstadtgassen mit barocken, gotischen und Renaissancehäusern, über denen eine hübsch sanierte Burg thront: Ptuj (dt. Pettau, 18 000 Einw.) gilt als eine der ältesten slowenischen Städte und erstreckt sich in der historischen Untersteiermark (Štajerska). Schon vor 4000 Jahren war die Gegend besiedelt, unter den Römern erhielt Poetovio das Stadtrecht. Später war Ptuj Lehensgebiet der Salzburger Bischöfe und ein vorgeschobener Posten gegen die Osmanen. An diese Zeit erinnern die Reste der mittelalterlichen Wehrmauer. Das perfekte Panorama lässt sich auf der gegenüberliegenden Flussseite der Drava einfangen, zu der eine – nachts hübsch beleuchtete – Fußgängerbrücke führt.

Sehenswert

Slovenski trg

| Platz |

Das Herz der Altstadt ist ein lang gestreckter Platz mit pastellfarbenen Bürgerhäusern. In der Mitte ragt das 5 m hohe steinerne Orpheus-Denkmal (Orfejev spomenik) aus der Römerzeit empor. Im Mittelalter wurde die Stele als Pranger genutzt. Direkt dahinter erhebt sich der 54 m hohe Stadtturm (siehe Kasten Wussten Sie schon?, S. 163) mit Zwiebelkuppel vor der gotischen Georgskirche (Sveti Jurij). Die Ostseite des Platzes säumt das klassizistische Theater. Im Norden finden sich das barocke Alte Rathaus (Mestna hiša). Die Verlängerung des Platzes, Prešernova ulica, führt an hübschen Bürgerhäusern vorbei zum Dominikanerkloster. Die gepflasterte Gasse Grajska zieht sich steil zum Schloss hinauf.

Ptujski grad

| Schloss |

Markante Festung auf dem Hügel hoch über der Altstadt

Hoch über der Altstadt thront das hübsch sanierte Schloss von Ptuj, das von den Salzburgern im Kampf gegen die Ungarn und Türken errichtet wurde. Der dreigeschossige Renaissancehof mit Arkaden birgt das Regionalmuseum mit historischen Möbeln, Musikinstrumenten und einer Gemäldegalerie. Eine besondere Attraktion sind die Karnevalsmasken (siehe »Kin-

Von der rechten Seite der Drava bietet sich ein wunderbarer Panoramablick auf Ptuj

der«, S. 164). Im Innenhof lässt es sich prima Espresso trinken.

■ Na Gradu 1, www.pmpo.si, Mitte April–Mitte Okt. Di–So 10–18, übrige Zeit Di–So 10–16 Uhr, 10 €, erm. 5 €.

Dominikanski samostan

| Architektur |

Weißer Stuck rankt sich auf der himbeerfarbenen Fassade des ehemaligen Dominikanerklosters (1230), das heute ein modernes Kultur- und Kongresszentrum beherbergt. Ein gotischer Kreuzgang säumt den Innenhof.

■ Muzejski trg 1, www.dominikanski samostan.si, April–Sept. Di–Fr 10–16, Sa/So 10–18 Uhr, 4 €, erm. 2 € (inkl. Audioguide)

Mestni trg

| Platz |

Den Stadtplatz in der Unterstadt prägt das senfgelbe Rathaus (Mestna hiša) im Stil der Spätgotik, das der Wiener Architekt Max Ferstl im frühen 20. Jh. entworfen hatte. Eine Tasse Espresso mit Blick auf die hübschen Bürgerhäuser lohnt einen Stopp.

ADAC Wussten Sie schon?

Am **Stadtturm von Ptuj** wurden nur auf drei Seiten Zifferblätter angebracht. Die vierte Seite, die zur Burg zeigt, hat keine Uhr. Dadurch sollte den Burgherren die Anzeige der Uhrzeit verweigert werden, da diese kein Geld für den Turmbau beigesteuert hatten.

Parken

P+R Zadružni trg Nahe der Fußgängerbrücke in die Altstadt.

Restaurants

€€ | Gostilna Amadeus Familiengeführtes Restaurant, das slowenische Spezialitäten zubereitet – etwa »štruklj«, salzigen Käsestrudel. ■ Prešernova ulica 36, Mo, Mi–Sa 12–22, So 12–16 Uhr

Am Stadtrand von Slovenj Gradec thront die Kirche Sv. Pankracij auf einem Hügel

€€ | Gostilna Ribič Auf der angenehmen, schattigen Terrasse am Ufer der Drava kommen Zander und Forelle auf den Tisch. ■ Dravska ulica 9, So–Do 10–23, Fr, Sa 10–24 Uhr

Cafés

MuziKafe Die bunt zusammengewürfelte Retro-Einrichtung dieses Cafés schafft ein behagliches Ambiente. ■ Jadranska ulica 5, www.muzikafe.si, Mo–Do, So 9–21, Fr/Sa 9–23 Uhr

Kinder

Im Kassenraum des **Schlosses** fasziniert eine Auswahl bunter Karnevalsmasken und -kostüme.
Ein typisches Kurent-Fellkostüm zeigt auch das **TIC** in einem Nebenzimmer (mit Kurzfilm).

Events

Kurentovanje Beim berühmtesten slowenischen Faschingstreiben ziehen Hunderte von »kurenti« mit zotteligen Fellkostümen, Ketten, Kuhglocken und Holzmasken durch die Straßen. Der Kurent war eine heidnische Gottheit, die dem Vergnügen und Hedonismus zugeneigt war. Die UNESCO hat den Karneval von Ptuj inzwischen in die Liste des immateriellen Weltkulturerbes aufgenommen. ■ Feb. oder März

Erlebnisse

Ptujska klet Der Weinkeller hat seit dem Jahr 1239 Tradition, stimmungsvolle Gewölbe und mächtige Holzfässer sind Kulisse für Verkostungen. ■ Vinarski trg 1, Tel. 02/787 98 35, www.ptujska-klet.si, Mo–Fr 9–15 Uhr (nach Voranmeldung)

Entspannung

Terme Ptuj Eher ein Aquapark als ein klassisches Thermalbad mit Rutschen, Wellenbecken und Strömungskanal im Freien sowie sieben Innenbecken mit Rutsche. ■ Pot v Toplice 9, www.sava-hotels-resorts.com, Innenpools: Mo–Fr 8–22, Sa, So 7–22 Uhr, Außenpools: Mai–Sept. tgl. 9–20 Uhr, Mo–Fr 15 €, erm. 9,90 €, Sa, So 16 €, erm. 10,50 €

In der Umgebung

Bazilika Marije Zavetnice s plaščem, Ptujska Gora

| Kirche |

Zehntausende Katholiken pilgern alljährlich auf den Hügel von Ptujska Gora: Die dortige Wallfahrtskirche (um 1400) gilt als eines der schönsten gotischen Bauwerke in Slowenien. Sie ist der Schutzmantelmadonna geweiht, die als Altarrelief ihr Gewand über 82 Figuren – Bürger und Bauern gleichermaßen – ausbreitet. Auch die gut erhaltenen Fresken in der Vorhalle gehören zu den Reichtümern der Basilika.

■ Ptujska Gora 40 (12 km südl. von Ptuj), www.ptujska-gora.si, tgl. 6–19 Uhr

Grad Bistrica, Slovenska Bistrica

| Schloss |

Das frühere Schloss Windischfreistriz (17. Jh.) in Slovenska Bistrica gilt als eines der eindrucksvollsten Barockschlösser im Land. Hinter vier Flügeln mit Ecktürmen verbergen sich wunderbare Fresken und ein herausgeputzter Rittersaal. Eine Ausstellung weist in die Geschichte des regionalen Weinbaus ein und zeigt die Römerstraße, die hier einstmals entlang verlief.

■ Grajska ulica 11, www.zavod-ksb.si, Di–Fr 9–17, Sa 11–15 Uhr, 3 €, erm. 1,50 €

38 Slovenj Gradec

Beschauliches Zentrum der Region Koroška mit hübschem Straßenplatz

Information

■ TIC, Glavni trg 24, 2380 Slovenj Gradec, Tel. 02/8812116, www.slovenjgradec.si

Malerisch umspielen die südlichen Ausläufer der Karawanken das 7000-Seelen-Städtchen Slovenj Gradec (dt. Windischgraz) in der Koroška, der historischen Region Kärnten. Den lang gestreckten Hauptplatz, der eher wie eine breite Straße wirkt, säumen geduckte, pastellfarbene Häuser. In Hausnummer 40 wurde der österreichisch-slowenische Komponist Hugo Wolf (1860–1903) geboren, der Goethes Gedichte vertonte. Eine kleine Ausstellung erinnert an den Künstler.

Sehenswert

Koroška galerija likovnih umetnosti

| Kunstmuseum |

Überraschend vielfältig ist die Sammlung moderner Kunst im ehemaligen Rathaus: Die düster-verzerrten Gemälde des Art-brut-Malers Jože Tisnikar (1928–1998), einer der interessantesten slowenischen Meister, sind das Herzstück des Hauses. Im zweiten Stock gibt es im Regionalmuseum (Koroški pokrajinski muzej) Porträts von Hugo Wolf und bunte Stirnbrettchen von Bienenstöcken zu bestaunen.

■ Glavni trg 24, Galerie: www.glu-sg.si, Di, Fr 14–18, Mi, Do 14–16 Uhr, 4 €, erm. 1,50 €; Regionalmuseum: www.kpm.si, Di–Fr 9–18, Sa, So 10–13, 14–17 Uhr, 4 €, erm. 1,70 €

Im Blickpunkt

Sloweniens Thermen: wunderbar warme Wasserwelten

Slowenien, vor allem der Osten des Landes, ist für seine zahlreichen Thermal- und Mineralquellen bekannt: Mit Kalzium, Magnesium und Co. hilft das heilsame Wasser, je nach Zusammensetzung, entsprechende Beschwerden zu lindern. Auf angenehm warme Temperatur abgekühlt, wird das Wasser aus dem Erdinneren in rund 20 Thermalbäder geleitet. Jedes hat seine Zielgruppe: Das stark magnesiumreiche Wasser im 400 Jahre alten Kurbad Rogaška Slatina (S. 146) wird gerne bei Leiden im Verdauungstrakt eingesetzt. Das paraffinhaltige Wasser der Therme Lendava soll gut für den Bewegungsapparat sein (www.sava-hotels-resorts.com). Das schwarze Thermomineralwasser der Therme 3000 in Moravske Toplice soll Rheuma lindern, mit Loopingrutsche und Zipline lockt es auch viele Familien an (www.sava-hotels-resorts.com). Die Therme Zreče setzen auf Anwendungen mit uraltem Pohorje-Torf (www.terme-zrece.eu). Die Thermentradition von Portorož, das nicht im Osten, sondern an der Adriaküste liegt, basiert hingegen auf den örtlichen Salinen: Konzentriertes Thermalwasser aus dem Urmeer, das reich an Jod und Brom ist, lockt hier viele Kur- und Tagesgäste herbei – auch aus dem Ausland (www.lifeclass.net). Spartipp: In allen Thermen werden mehrtägige Pauschalen – mit Übernachtung, Halbpension, Massage und anderen Anwendungen – angeboten.
www.slovenia-terme.si

 **Restaurants**

€€ | Gostilna Murko Österreichische Gäste stoppen gerne in diesem Gasthaus am Fluss Mislinja, um üppige slowenische Hausmannskost zu genießen. ■ Francetova cesta 24, Tel. 02/883 8103, Mo–Fr 8–22, Sa 10–22, So 10–17 Uhr

39 Velenje

Sloweniens jüngste Stadt überrascht mit Stollen und Burg

 **Information**

■ TIC, Stari trg 3, 3320 Velenje, Tel. 03/896 17 15, www.visitsaleska.si

Kein typischer Urlaubsort, aber einen Tagesausflug wert ist die fünftgrößte Stadt Sloweniens (dt. Wöllan, 26 000 Einw.) im Šalek-Tal in der Untersteiermark. Klobige Wohnblocks in sozialistischer Bauweise und ein weitläufiger Platz mit dem weltgrößten Tito-Denkmal prägen das Zentrum. Nach dem Zweiten Weltkrieg als Planstadt für die örtlichen Bergarbeiter gebaut und 1959 eingeweiht, bemüht man sich heute um attraktive Architektur- und Freizeitkonzepte: Die Uferpromenade der Paka im Zentrum wurde als steinernes Amphitheater modern umgestaltet. Der durch den Kohleabbau entstandene See von Velenje wurde mit Badestegen, Sonnensegeln und Beach-Bar aufgehübscht, hier trifft sich die örtliche SUP-Szene. Bekannt ist Velenje auch als Sitz des Haushaltsgeräteherstellers Gorenje. Außerdem findet hier das größte Kinderfestival Sloweniens statt.

Sehenswert

Velenjski grad

| Burg |

Oberhalb einiger weniger Häuser des alten Velenje (Staro Velenje) am südlichen Stadtrand thront die sehr gut erhaltene Renaissanceburg von Velenje. Sie besticht mit ihrem fünfeckigen Grundriss sowie dem geschlossenen Innenhof und hütet barocke Kunst, moderne Malerei, eine nachgebaute Wirtschaft aus den 1930er-Jahren, die Überbleibsel eines Mastodons und eine Afrika-Kunstsammlung.

■ Ljubljanska cesta 54, www.muzej-velenje.si, Di–Sa 10–18 Uhr, 4 €, 3 €

Muzej premogovništva Slovenije

| Bergbaumuseum |

Mit Bahn und Brotzeit wie Bergleute die Kohlenschächte erleben

Das von der Europäischen Union mit einer Auszeichnung bedachte Slowenische Bergwerksmuseum von Velenje zeigt den Braunkohleabbau im Šalek-Tal am Originalschauplatz auf. Mit Schutzkleidung, Helm und Brotzeit-Paket ausgestattet, fährt man in einer Bahn in den Stollen ein. Unterwegs wird eine Explosion mit lautem Knall improvisiert, Multivisionsschauen und lebensgroße Figuren runden die etwa 2,5 Stunden lange Führung ab. Die typische Brotzeit genießt man dann im »tiefsten Speisesaal Sloweniens«, 160 m unter der Erde – für Schulkinder und Erwachsene ein echtes Highlight.

■ Koroška cesta, muzej.rlv.si, Di–Sa 9–16.30, Führungen 9, 12 und 14 Uhr (Reservierung erforderlich), 20 €, erm. 17 €

Restaurants

€€€ | **Vila Herberstein** Umgeben von einer schönen Parkanlage wird in dem ehrwürdigen Herrenhaus gehobene Slow-Food-Küche serviert. ■ Kopališka cesta 1, Tel. 03/896 14 00, www.vilaherberstein.si, Mo–Sa 8–22 Uhr

Velenjski grad aus dem 13. Jh. ist eine der am schönsten erhaltenen Burgen Sloweniens

40 Gornja Radgona

Grenzstadt an der Mura mit einer langen Schaumwein-Tradition

Information

■ TIC, Kerenčičeva ulica 16, 9250 Gornja Radgona, Tel. 040/37 81 59, www.kultpro tur.si

Wer nach Gornja Radgona (dt. Oberradkersburg, 3000 Einw.) kommt, kann sich der Grenze kaum entziehen: Sie verläuft mitten im Fluss Mura, der am gegenüberliegenden Ufer Mur genannt wird. Nach dem Ersten Weltkrieg wurde die Stadt geteilt: Bad Radkersburg mit dem historischen Stadtkern kam zu Österreich, die Stadthälfte am rechten Ufer mit der mittelalterlichen Burg wurde dem späteren Jugoslawien zugeschlagen. Neue Visionen wie eine Bahntrasse mit Brücke und Bahnhof auf der slowenischen Seite, sollen das Zusammenwachsen der beiden Stadthälften weiter ankurbeln.

Sehenswert

Grad Gornja Radgona

| Schloss |

Das schönste alte Gebäude ist die Burg Radgona, die sich mit Schlosspark und Schlosshof auf einer Anhöhe über der Mura erhebt. In dem vierstöckigen Bau waren zu jugoslawischen Zeiten eine Schule – Holzbänke erinnern daran – sowie ein Altersheim untergebracht. Inzwischen wurde die marode Burg an einen Geschäftsmann verpachtet und mit privaten Mitteln restauriert.

■ Grajska cesta 28, www.chateau-agata.com, tgl. 10–17 Uhr, Schlosspark 1 €, Schlosshof 5 €, obere Schlossetage (Fernsicht, Schlossherbarium) 10 €

Restaurants

€€ | **Restavracija Šmid** Das Restaurant nahe der österreichischen Grenze ist für üppige Fischplatten und Calamari-Teller bekannt. ■ Partizanska cesta 42, Tel. 041/62 11 66, Mo, Do–Sa 8–22, Di 8–15, So 8–21 Uhr

Die Weinreben von Gornja Radgona werden vielfach zu Schaumwein verarbeitet

Erlebnisse

Radgonske Gorice Die Kellerei produziert schon seit nunmehr 160 Jahren Schaumwein nach der klassischen Champagner-Methode (»Zlata Radgonska Penina«). Auf Deutsch werden Besucher im Dom penine (»Haus des Schaumweins«) durch stimmungsvolle Gewölbekeller mit Flaschenarchiv geführt, ergänzt durch eine Verkostung.
■ Jurkovičeva ulica 5, Tel. 02/5648550, www.dompenine.si

In der Umgebung

Radenci
| Kurort |
Radenci (2200 Einw.), das frühere Bad Radein, pflegt die Thermentradition mit Kurpark, Trinkhalle und Pavillon schon seit K.u.k.-Zeiten. Sozialistische Häuserwürfel kamen später hinzu. Die Thermen wurden modernisiert und locken heute viele österreichische Kurgäste an. Der Exportschlager ist Radenska, das »Wasser mit den drei Herzen«, das hier seit über 150 Jahren abgefüllt wird. Ein kleines Museum im Kurpark erinnert an vergangene Zeiten.
■ Zdraviliško naselje 14, Mo–Fr 9–12, 15–17, Sa 10–12, 3 €

41 Murska Sobota

Moderne Verwaltungsstadt in der Mura-Ebene mit altem Schloss

Murska Sobota (ungar. Muraszombat, 12000 Einw.) ist die größte Stadt im Prekmurje (»Übermurgebiet«), der Gegend nördlich des Flusses Mura, in Sloweniens äußerstem Nordosten. Österreich und Ungarn sind jeweils nur 15 km entfernt. Das »schwarze Thermalwasser« lockt Kurgäste in die Umgebung, während Murska Sobota oft nur durchfahren wird.

Sehenswert

Pomurski muzej Murska Sobota
| Museum |
Ein mächtiges Renaissanceschloss mit weitläufiger Parkanlage, das die ungarische Fürstenfamilie Sapari im Jahr 1687 errichtete, prägt das ansonsten eher moderne Zentrum der Stadt. Das im Schloss untergebrachte Regionalmuseum zeigt die turbulente Vergangenheit der Region in hübschen Barocksälen, auch eine rekonstruierte Schwarzküche ist zu sehen.
■ Trubarjev drevored 4, Tel. 02/5271706, www.pomurski-muzej.si, Di–Fr 9–15, Sa 9–13 Uhr, 3 €, erm. 2 €

Expano
| Erlebnispark |
Interaktiver Erlebnispark am Soboško jezero, einem künstlichen See am Stadtrand: 3-D-Filme, Hologramme und Virtual-Reality-Flüge sollen Besuchern die Grenzregion näherbringen.
■ Bekovska ulica 41, www.expano.si, Di–So, April–Okt. 10–18, Nov.–März 10–16 Uhr, Reservierung empfohlen: Tel. 08/2015370, 12 €, erm. 8 €

Restaurants

€€€ | **Gostilna Rajh** Slow-Food-Restaurant mit regionalen Gerichten wie »dödoli«, eine Art Gnocchi, oder »bograč«-Gulasch mit Wein. Frittierter Lángos wird mit Joghurt, Kübelfleisch und Hanfsamen neu interpretiert.
■ Soboška ulica 32, Bakovci (5 km südl.), www.rajh.si, Di–Do 12–21, Fr/Sa 12–22, So 12–16 Uhr

In der Umgebung

Terme 3000, Moravske Toplice
| Thermalbäder |
Das »schwarze Thermalwasser«, für das der Kurort Moravske Toplice (700 Einw.) bekannt ist, wurde 1960 zufällig entdeckt, als man in der Gegend nach Erdöl bohrte. In einer Tiefe von 1,4 km fand man zwar kein Öl, doch dafür 72 °C heißes Wasser mit Heilwirkung. Prompt wurde das erste Becken errichtet, heute locken die komplett modernisierten Therme 3000 viele Familien an (www.sava-hotels-resorts.com). Ruhiger geht es in der Therme Vivat zu, mit Sauna und angeschlossenem Hotel (www.vivat.si).

42 Lendava

Zweisprachiger Thermenort mit sanften Weinbergen in der Umgebung

Information

■ TIC, Glavna ulica 38, 9220 Lendava, Tel. 02/578 83 90, www.turizem-lendava.si

Das beschauliche Städtchen (3400 Einw.) im Prekmurje, am Dreiländereck zu Ungarn und Kroatien, begrüßt seine Besucher mit zweisprachigen Ortstafeln: Lendava sagen die Slowenen, Lendva die Ungarn, die hier gemeinsam leben. Sloweniens östlichste Gemeinde ist ein bunter Mix aus Dorfhäusern und sozialistischen Wohnblöcken, dazwischen finden sich die alte Synagoge, ein Theatergebäude mit interessanter Architektur und ein Schloss mit Wechselausstellungen. In der Terme Lendava sprudelt paraffinhaltiges Wasser und schafft Stellen in der strukturschwachen Gegend. Mit einem EU-geförderten Aussichtsturm und Übernachtungsmöglichkeiten in Weinberghäusern in der hügeligen Weinbauregion Lendavske gorice soll der Tourismus weiter angekurbelt werden – jedoch auf sanfte Art.

Sehenswert

Sinagoga
| Museum |
Die alte Synagoge, in der zwischen 1886 und 1944 gebetet wurde, ist heute ein modernes Kulturzentrum mit Holocaust-Museum. Sechs Säulen mit goldenen Kapitellen stützen den Hauptsaal. Dort sind 52 Werke des bekannten israelischen Grafikdesigners Dan Reisinger ausgestellt, der 1934 in Serbien geboren wurde und heute Ehrenbürger von Lendava ist.

■ Banffyjev trg 1, Tel. 02/578 92 60, www.sinagoga-lendava.si, tgl. 10–14 Uhr, im Winter Mo–Sa, 2,50 €, erm. 1 €

Stolp Vinarium
| Aussichtsturm |

Moderner Aussichtsturm mit weitem Blick auf vier Länder

Von diesem futuristischen Aussichtsturm mit reichlich Stahl und Glas mitten in den Weinbergen blickt man auf vier Länder: Slowenien, Österreich, Ungarn und Kroatien. Hinauf auf die Aussichtsplattform in 42 m Höhe geht es mit dem modernen Lift oder zu Fuß über eine Außentreppe. Das stylische Café im Erdgeschoss schenkt lokale Weine aus, und rund um den Turm trifft man sich an Imbissständen mit regionalen Spezialitäten.

■ Dolgovaške Gorice 229, www.vinarium-lendava.si, März, Okt. 10–18, April, Sept. 10–19, Mai–Aug. 9–19, Nov.–Feb. Di–So 10–17 Uhr, 7 €, erm. 5 €, unter 6 Jahren frei

Übernachten

In Sloweniens äußerstem Nordosten gibt es vor allem gemütliche Pensionen und Privatzimmer, in Maribor finden sich auch Hotelketten. Thermalbäder haben meist angeschlossene Hotels, überall in der Umgebung warten (günstigere) Privatunterkünfte auf Gäste. Pauschalen mit Halbpension und Eintritt ins Thermalbad schonen das Urlaubsbudget. In Gornja Radgona gibt es kein Hotel. Wer Kurentovanje in Ptuj erleben möchte, sollte frühzeitig buchen. Übernachten auf touristischen Bauernhöfen, etwa beim Winzer oder in Weinberghäuschen, wird immer beliebter.

Maribor 156

€€ | Hotel Habakuk Eines der besten Häuser der Region bietet modern ausgestattete Zimmer in einer schönen Umgebung, dazu einen Wellnessbereich mit Pools. Direkt an der Talstation des Skilifts, 5 km außerhalb von Maribor im Pohorje-Gebirge. ■ Pohorska ulica 59, 2000 Maribor, Tel. 02/300 8178, www.terme-maribor.si

€€ | B&B Hotel Maribor Moderne Zimmer, zentrale Lage zur Innenstadt, Parkhaus nebenan (Gebühr). ■ Ulica Vita Kraigherja 3, 2000 Maribor, Tel. 02/229 288 00, www.hotel-bb.com

€€€ | Hotel City Gutes Businesshotel mit modernem Interieur und Dachterrasse. Tiefgarage (Gebühr) und Schnellladestation für E-Autos. ■ Ulica kneza Koclja 22, 2000 Maribor, Tel. 02/29 27 00, www.hotelcitymb.si

Prlekija 160

€€ | Dvorec Jeruzalem Stilvolles Herrenhaus mit Biedermeiermöbeln und hübschem Garten im berühmten Weindörfchen Jeruzalem. ■ Jeruzalem 8, 2259 Ivanjkovci, Tel. 02/741 77 90, Buchung über gängige Online-Portale

Ptuj 162

€€ | Bed and Breakfast MuziKafe Farbenfrohes, individuelles Vintage-Design dominiert die Gästezimmer dieses beliebten und kulturell sehr aktiven Musikcafés in der Altstadt von Ptuj. Nur öffentliche Parkplätze. ■ Vrazov trg 1, 2250 Ptuj, Tel. 02/787 88 60, www.muzikafe.si

ADAC Das besondere Hotel

Wo sich früher Winzer von der Weinlese ausruhten, übernachten heute Urlauber: im **Hotel Vinarium**, einem weiß getünchten Weinberghäuschen mit viel Holzgebälk und Weinkeller am Rand der Weinberge von Lendava an der ungarischen Grenze. Die zwölf Häuser liegen jedoch nicht dicht bei- oder nebeneinander, sondern dort wo sie von den jeweiligen Eigentümern errichtet wurden. Dafür gibt es eine zentrale Rezeption, die Buchungen entgegennimmt und Gästen die Schlüssel aushändigt.

€–€€€ | Čentiba, Lendavska cesta 19, 9220 Lendava, Tel. 01/200 94 22, www.hotelvinarium.si

Hotel Izvir: sicher die erste Wahl, wenn man die Therme in Radenci besuchen will

€€ | Hotel Mitra Traditionsreiches Boutique-Hotel mit elegantem Ambiente. 25 Zimmer und Suiten mit angenehmer Größe, Kaffeehaus und Weinkeller. Unterhalb der Burg. ■ Prešernova ulica 6, 2250 Ptuj, Tel. 02/78774 55, www.hotel-mitra.si

Slovenj Gradec 165

€ | Hotel Slovenj Gradec Zentrales Hotel mit 68 modernen Zimmern und geräumigem Bad, mitten in der Stadt. Mit beliebter Pizzeria im Pub-Stil. Kostenlose Parkmöglichkeit. ■ Glavni trg 43, 2380 Slovenj Gradec, Tel. 02/883 98 50, www.hotelslovenjgradec.si

Velenje 166

€€ | Pension Vila Herberstein Mit Ritterrüstungen und dicken Teppichen mutet das Herrenhaus fast wie ein mittelalterliches Schloss an. Vielbeachtetes Slow-Food-Restaurant im Haus. ■ Kopališka cesta 1, 3320 Velenje, Tel. 05/979 02 27, www.vila-herberstein.si

Gornja Radgona 168

€€ | Hotel Izvir Schöne, gepflegte Kuranlage in Radenci (6 km östl.) mit Thermenzugang, direkt neben der Mura. Kostenlose Parkplätze. ■ Zdraviliško naselje 12, 9252 Radenci, Tel. 02/520 27 22, www.sava-hotels-resorts.com

Murska Sobota 169

€ | Hotel Imperium Das moderne, familiäre Hotel mit freundlichem Service liegt 7 km nordöstl. vom Zentrum. Beide Thermen, für die man Rabatt erhält, sind zu Fuß erreichbar, das Auto bleibt auf dem kostenlosen Hotelparkplatz. Faire Preise! ■ Levstikova ulica 25, 9226 Moravske Toplice, Tel. 05/911 98 93, www.hotel-imperium.com

ADAC Service Slowenien

Beim **ADAC Info-Service**, in den **ADAC Geschäftsstellen** sowie auf dem **Internetportal des ADAC** (adac.de) erhalten Sie Informationen zu den Dienstleistungen des Automobilclubs und zu Ihrem Reiseziel. So können Sie sich von der **ADAC Trips App** (adac.de/services/apps/trips) via Smartphone oder Tablet-PC inspirieren lassen oder als **ADAC Mitglied** das kostenlose **ADAC Toursets® Slowenien** (adac.de/reise-freizeit/reiseplanung/tourset) mit vielen Reiseinfos und Karten anfordern. Bei Pannen und Notfällen steht Ihnen unser Team rund um die Uhr telefonisch und digital (adac.de/hilfe und ADAC Pannenhilfe App) zur Verfügung.

ADAC Info-Service

T 089 558 95 96 97
Infos zu allen ADAC Leistungen
(Mo–Sa 8–20 Uhr gebührenfrei)

ADAC Pannenhilfe Deutschland

T 089 20 20 40 00, Mobil 22 22 22
(Verbindungskosten je nach
Netzbetreiber/Provider)

ADAC Ambulanzdienst

T +49 89 76 76 76
(Erkrankung, Unfall, Verletzung,
Transportfragen, Todesfall)

ADAC Pannenhilfe Ausland

T +49 89 22 22 22
(Verbindungskosten je nach
Netzbetreiber/Provider)

Online-Angebote des ADAC für Ihre Reiseplanung

Service	Webadresse
Reiseinspirationen, -planung und -hinweise	adac.de/reise-freizeit/reiseplanung
Aktuelle Verkehrslage	adac.de/verkehr
Individuelle Routenplanung	adac.de/maps
Infos zu Tankstellen und Spritpreisen	adac.de/tanken
Infos zu mautpflichtigen Strecken	adac.de/mautportal
Infos zu Fährverbindungen	adac.de/faehren
Aktuelle Infos vor Reiseantritt	adac.de/tourmail
Informationen für Camper	adac.de/camping
Informationen für Motorrad- und Oldtimerfahrer	adac.de/reise-freizeit/reisen-motorrad-oldtimer
Informationen für Segler und Skipper	skipper.adac.de
ADAC Reiseangebote	adacreisen.de
ADAC Autovermietung	adac.de/autovermietung
ADAC Versicherungen für den Urlaub	adac.de/versicherungen
Weltweite Preisvorteile für ADAC Mitglieder	adac.de/vorteile-international
Telemedizinische Beratung	adac.de/meinmedical

Diese **Produkte des ADAC** könnten Sie interessieren: **ADAC Reiseführer Istrien und Kvarner-Bucht, ADAC Reiseführer Dalmatien** und **ADAC Campingführer Südeuropa** – erhältlich im Buchhandel, bei den ADAC Geschäftsstellen und in unserem ADAC Online-Shop (adac.de/shop).

Anreise und Einreise

Auto

Die schnellste Route von München nach Slowenien verläuft über die **A 8** nach Salzburg und weiter über die Tauernautobahn **A 10** über Villach nach Ljubljana. Von Wien reist man über die **A 2** nach Maribor an. Ab Zürich ist die Trasse via München oder, an die slowenische Küste, via Triest (Italien) die kürzeste. In Österreich herrscht Vignettenpflicht, in Italien wird die Maut nach gefahrenen Kilometern abgerechnet. Eine Sondermaut wird für den Tauern- sowie den Karawanken-Tunnel in Österreich fällig.

Bahn

Die Anreise im **Direktzug** von Frankfurt am Main über München nach Ljubljana führt durch reizvolle Alpenlandschaften, mit Zwischenhalt in Jesenice, Bled-Lešče und Kranj. Der **Nachtzug** von Stuttgart nach Ljubljana bietet Sitz-, Schlaf- und Liegewagen. (Buchung: www.oebb.at). Ab München bzw. Wien (via Graz) sollte man gut 6 Std. Fahrtzeit einplanen. Der Nachtzug ab Zürich benötigt rund 12 Std. Wer rechtzeitig bucht, reist mit den Europa-Sparpreisen der Deutschen Bahn (www.bahn.de, ab 28 €) oder den SparSchiene-Tickets der Österreichischen Bundesbahnen (www.oebb.at, ab 19 €) erschwinglich nach Ljubljana; dort Umstieg nach Koper, Celje, Maribor u. a.

Bus

Von vielen Städten in Deutschland, Österreich und der Schweiz verkehren **Fernbusse** nach Slowenien, z. B. nach Ljubljana und Ptuj. Anbieter sind u. a. Flixbus (www.flixbus.de) oder Touring/EuroLines (www.touring.de). Von Klagenfurt fährt AlpeAdriaLine nach Ljubljana (www.alpeadrialine.com).

Flugzeug

Die slowenische nationale Fluggesellschaft **Adria Airways** (www.adria.si) bindet Ljubljana mit direkten Flugverbindungen nach Frankfurt, München, Zürich und Wien an (in Kooperation mit Lufthansa und Swiss).
Der Flughafen **Jože Pučnik Ljubljana** (Ljubljana Airport) befindet sich 26 km nördlich der Innenstadt. Vom Flughafen verkehren Busse zum Hauptbahnhof von Ljubljana (30 Min.) sowie nach Kranj, Bled und Bohinj (www.arriva.si) und es gibt einen Shuttleservice (www.goopti.com). Flugzeiten: München–Ljubljana 1 Std., Frankfurt oder Zürich–Ljubljana 1 Std. 10 Min., andere Verbindungen nur mit Umstieg.

Schiff

Wer auf dem Seeweg mit der eigenen Jacht anreist, kann in einer der drei slowenischen **Marinas** an der Adria ankern: in Portorož (www.marinap.si), Koper (www.marina-koper.si) oder Izola (www.marinaup.com).
Koper hat ein **Kreuzfahrtterminal**, in dem gelegentlich große Schiffe anlegen. Die Altstadt ist in wenigen Minuten zu Fuß erreichbar.

Einreise und Dokumente

Slowenien gehört zum Schengenraum. Personenkontrollen an den Grenzen zu Kroatien und Österreich finden nur stichprobenartig statt. Für die Einreise nach Slowenien benötigen EU-Bürger einen **Personalausweis** oder **Reisepass** (auch vorläufige Dokumente). Für Kinder ist ein eigenes Ausweisdokument erforderlich.

Auto und Straßenverkehr

Zustand der Straßen

Die Autobahnen sind modern und sehr gut ausgebaut, die Bergstraßen oft eng und kurvig. Im Winter sind einige Passstraßen gesperrt, z. B. der Vršič-Pass. Aktuelle Verkehrsinformationen findet man auf www.promet.si.

Führerschein und Papiere

Führerschein und Zulassungsbescheinigung I (Kfz-Schein) müssen mitgeführt werden. Die Grüne Versicherungskarte wird empfohlen.

Verkehrsvorschriften

Die **Promillegrenze** am Steuer liegt bei 0,5. Für Fahranfänger (zwei Jahre nach Führerscheinerwerb) und Fahrer unter 21 Jahren gelten 0,0 Promille.

Tagsüber ist ganzjährig Abblend- oder Tagfahrlicht für alle Fahrzeuge vorgeschrieben, bei schlechtem Wetter Abblendlicht. Es besteht eine **Mitführpflicht** von Verbandszeug, Warnweste, Warndreieck, das Mitführen von Ersatzlampen wird empfohlen (außer Fahrzeuge mit Xenon- oder Neonleuchten). Vom 15. November bis 15. März besteht für alle Fahrzeuge eine **Winterreifenpflicht**. Wer mit Sommerreifen (Mindestprofil 3 mm) unterwegs ist, benötigt Schneeketten.

Telefonieren am Steuer ist strengstens untersagt. Wichtig: Wer von der **Polizei** angehalten wird, muss unbedingt am Steuer sitzenbleiben und darf ohne Aufforderung nicht aussteigen, sonst droht eine empfindliche Geldbuße. Das Bilden einer Rettungsgasse ist auch in Slowenien verpflichtend. Die Strafen bei Tempoüberschreitung sind hoch, z. B. mindestens 500 € bei mehr als 50 km/h Übertretung.

Tempolimits in Slowenien

Straße	Tempolimit
Autobahn	max. 130 km/h
Landstraße	max. 90 km/h
Ortschaft	max. 50 km/h

Maut

Wer slowenische Autobahnen und Schnellstraßen nutzen möchte, benötigt eine **Vignette**. Gültigkeitsdauer: ein Jahr (117,50 €/Pkw) bzw. einen Monat (32 €/Pkw) oder 7 Tage (16 €/Pkw). Die Vignettenpreise richten sich nach der Größe des Fahrzeugs. Achtung: Wer von Samstag bis Samstag verreist, benötigt zwei Vignetten (8 Kalendertage!) oder eine Monatsvignette. Seit einiger Zeit gibt es in Slowenien nur noch elektronische Vignetten, diese können etwa beim ADAC, ÖAMTC oder an den Grenzübergängen erworben werden. Der Kaufbeleg muss unbedingt aufbewahrt und mitgeführt werden. Wer ohne Vignette erwischt wird, zahlt 300 bis 800 € Geldbuße.

Wohnmobilfahrer sollten vorab online prüfen, in welche Vignettenkategorie ihr Fahrzeug fällt (www.dars.si). Fahrzeuge über 3,5 t (auch Wohnmobile) müssen eine streckenabhängige Maut mit einem Transponder (»DarsGo unit«) entrichten, auch online erhältlich (www.darsgo.si).

Die Durchfahrt durch den slowenisch-österreichischen **Karawankentunnel** ist nicht im Vignettenpreis enthalten und kostet ca. 7,80 €/Pkw.

Die früher mautfreie Küstenstraße zwischen Koper und Izola ist dauerhaft für den Verkehr gesperrt. Die Strecke verläuft nun über die Schnellstraße H 6, auf der Vignettenpflicht herrscht. Eine Umfahrung ist nicht empfehlenswert, da man sich leicht verfahren kann.

Tanken

An slowenischen Tankstellen sind Super (95 Oktan), Super Plus (100 Oktan) und Diesel erhältlich. Elektrotankstellen sind im Kommen. Tankstellen an Autobahnen haben höhere Preise.

Parken

In Städten gibt es Parkzonen mit eingeschränkter Parkdauer. Bezahlt werden kann mit Bargeld, per SMS oder per App Easy Park (iOs, Android, Anleitung unter www.easypark.com). Am Stadtrand von Ljubljana gibt es P+R-Parkplätze. In Bohinj, Cerknica und Novo Mesto gibt es die App Park Me Wise (www.parkmewise.com, Android, iOS).

Panne und Unfall

In Slowenien ist das polizeiliche **Unfallprotokoll** alleinige Grundlage für die Schadensregulierung. Daher sollten Sie auch bei kleineren Blechschäden die Polizei verständigen.

Verkehrsschilder

Autobahnschilder in Slowenien sind grün, für Kraftfahrstraßen blau. Straßenzustandsschilder, z. B. am Vršič-Pass: »odprt« = befahrbar, »zaprt« = gesperrt. Auf Autobahnen verweist der Hinweis »Cestnina« auf eine Mautstelle für Lkw, »meritve hitrosti« bedeutet Geschwindigkeitsmessungen.

Barrierefreies Reisen

Öffentliche Gebäude und touristische Objekte haben in der Regel **Behindertenparkplätze** und barrierefreie Toiletten. Auch die Standseilbahn zur Burg Ljubljana ist barrierefrei, gleiches gilt einige Museen und Galerien. Fast alle **Busse** in Ljubljana haben Rampen. Bei der STIC Ljubljana können kostenlos elektrische Rollstühle ausgeliehen werden. Die Salinen von Sečovlje, das Gestüt Lipica und die meisten Kurbäder, z. B. Termana Laško, sind barrierefrei. Das gilt auch für den **Strandzugang** in Izola östlich des Leuchtturms Svetilnik mit Schwimmbecken und Parkplätzen in der unmittelbaren Nachbarschaft. Behinderte haben meist freien Eintritt in Museen, beispielsweise im Schloss von Škofja Loka. Die kostenlose App »Ljubljana by Wheelchair« (Google Play, iOS) hält für Rollstuhlfahrer praktische Tipps für den Besuch in der slowenischen Hauptstadt bereit.

Diplomatische Vertretungen

Deutsche Botschaft

■ Prešernova 27, 1000 Ljubljana, Tel. 01/4790300, www.laibach.diplo.de

Österreichische Botschaft

■ Prešernova 23, 1000 Ljubljana, Tel. 01/4790700, www.bmeia.gv.at/laibach

Schweizerische Botschaft

■ Trg Republike 3, 1000 Ljubljana, Tel. 01/2008640, www.eda.admin.ch/ljubljana

Feiertage

Gesetzliche, arbeitsfreie Tage in Slowenien: 1. und 2. Januar (Neujahr), 8. Februar (Prešeren-Tag/Kulturfeiertag), Ostersonntag und -montag (März/April), 27. April (Tag des Aufstandes gegen die Besatzungsmacht), 1. und 2. Mai (Tag der Arbeit), Pfingstsonntag (Mai/Juni), 25. Juni (Nationalfeiertag), 15. August (Mariä Himmelfahrt), 31. Oktober (Reformationstag), 1. November (Allerheiligen), 25. Dezember (Weihnachten), 26. Dezember (Tag der Unabhängigkeit und Einigkeit).

Geld und Währung

Banken haben meist Mo–Fr 9–17 Uhr geöffnet, einige Filialen schließen mittags eine Stunde. Nur große Banken öffnen auch am Samstagvormittag. Die Akzeptanz von **Kreditkarten** ist sehr hoch, das gilt auch für Bankkarten (Maestro, V PAY) als Zahlungsmittel.

Kosten im Urlaub

(durchschnittliches Preisniveau)

Espresso	1,60–2 €
Softdrink (Limonade)	2–3 €
Glas Bier (0,5 l)	ab 3 €
Glas Wein (0,1 l)	ab 1,50 €
Hauptgericht (Restaurant)	ab 8 €
Eintritt staatl. Museum	ab 2,50 €
Mietwagen/Tag	ab ca. 30 €

Gesundheit

Der medizinische Standard ist gut, in ländlichen Gegenden ist die Versorgung ausgedünnt. In ganz Slowenien gibt es etwa 60 Gesundheitszentren (Ambulanz) sowie Krankenhäuser in größeren Städten. Notfälle werden meist sofort in die Großkliniken nach Ljubljana und Maribor gebracht.

Die ärztliche Behandlung im Krankheitsfall ist für EU-Bürger kostenlos. Sie müssen dafür lediglich Ihre Krankenversicherungskarte vorlegen, auf deren Rückseite die **Europäische Krankenversicherungskarte (EHIC)** integriert ist. Sollten Sie Zuzahlungen oder Medikamente benötigen, bekommen Sie die Auslagen in der Regel von Ihrer Krankenversicherung zurückerstattet (Quittungen aufbewahren). Das gilt auch für Privatversicherte, die Arztrechnungen meistens bar begleichen müssen. Der Abschluss einer privaten **Auslandsreise-Krankenversicherung**, die einen eventuellen Rücktransport einschließt, wird empfohlen.

Apotheken haben von Mo–Fr 7–19, samstags bis 13 Uhr geöffnet. Die Notdienstapotheke Ljubljana ist der Poliklinik angeschlossen (Tel. 01/2306100).

Haustiere

Vorgeschrieben sind ein **EU-Heimtierausweis** mit Kennzeichnung (Mikrochip, Tätowierung) sowie eine gültige Tollwutimpfung für das Tier.

Information

Die örtlichen **Touristeninformationen (TIC)** einer Stadt oder Gemeinde sind im Haupttext jeweils zu Beginn der Orte aufgeführt. Allgemeine Tourismusinformationen finden sich auf der Website des Slowenischen Fremdenverkehrsamts (www.slovenia.info), das Büros in München und Wien unterhält.

Slowenisches Fremdenverkehrsamt

■ Maximiliansplatz 12 a, D-80333 München, Tel. 089/29161202

Slowenisches Tourismusbüro

■ Opernring 1/R/4/447, A-1010 Wien, Tel. 01/7154010

Klima und beste Reisezeit

Das Klima in Slowenien ist sehr vielfältig: Hier begegnen sich Alpen, Pannonische Tiefebene und mediterrane Küste. Der Winter gehört den Skifahrern, die Saison dauert von Dezember bis März/April. Thermalbäder haben in der kühlen Jahreszeit Hochkonjunktur, ab Mai öffnen die Außenbereiche. Im Frühjahr lässt es sich prima wandern und Rad fahren. Die **Badesaison** an der Adria dauert von Juni bis September. Im Juli und August ist es an den Stränden jedoch rappelvoll, Parkplätze sind rar, und überall staut es sich. Die Weinbauregionen leuchten im September und Oktober wunderschön bunt, im November wird überall der neue Wein gefeiert.

Wenn der Herbst in den Winter übergeht, pfeift der kühle **Bora-Fallwind** (»burja«) gerne durch die Küsten- und Karstregion. In der Vorweihnachtszeit glitzern die Städte festlich, vor allem Ljubljana wirkt dann noch charmanter.

Klimatabelle Ljubljana

Monat	Luft (°C) (min./ max.)	Sonne (h/Tag)	Regen-tage
Jan.	-5/1	2	9
Feb.	-4/5	3	8
März	0/10	4	8
April	4/16	5	10
Mai	9/20	7	12
Juni	12/24	7	11
Juli	14/26	8	10
Aug.	13/26	7	9
Sept.	10/22	5	8
Okt.	6/15	3	10
Nov.	2/8	2	11
Dez.	-2/3	1	10

Notfall

Wählen Sie im Notfall die gebührenfreie europäische **Notrufnummer 112**. Die mehrsprachig besetzte Leitstelle verbindet Sie mit Feuerwehr, Rettungsdienst oder Polizei. Pannenhilfe: 1987 (siehe auch »Panne und Unfall«, S. 177).

Öffnungszeiten

Supermärkte haben meist von 7/9–19/21 Uhr geöffnet, größere Filialen sind auch am Samstagnachmittag sowie am Sonntagvormittag (9–13 Uhr) für ihre Kunden da. Kleinere Geschäfte legen oft eine längere Mittagspause ein. **Museen** empfangen in der Regel von 10–17/18 Uhr Besucher, Montag ist meist Schließtag. Restaurants bewirten meist durchgängig (11–23 Uhr), viele sind sonntags geschlossen oder haben nur am Mittag geöffnet.

Post

Briefkästen sind in Slowenien gelb, mit einem schwarzen Posthorn (»Pošta«). Das Porto für eine Postkarte in EU-Länder beträgt derzeit 1,57 €. **Postämter** haben meist Mo–Fr von 8–18 Uhr geöffnet und samstags bis Mittag. Bei kleineren und größeren Postfilialen weichen diese Zeiten ab.

Rauchen und Alkohol

Alkohol und Zigaretten werden nur an Personen über 18 Jahre abgegeben, ab 21 Uhr kein Alkoholverkauf in Geschäften. Rauchen ist in öffentlichen Innenräumen nur auf ausgewiesenen Flächen erlaubt (z. B. in Hotels, Bars).

Sicherheit

Slowenien gilt als eines der sichersten Reiseländer weltweit. Dennoch sollte man **Wertsachen** nicht allzu offen zur Schau stellen oder im Auto lassen. Wer in den Alpen wandern möchte, sollte sich stets über die aktuelle **Wetterlage** informieren, z. B. bei der Slowenischen Umweltagentur: www.arso.gov.si.

Festivals und Events

Januar

Zlatna Lisica (»Goldener Fuchs«, Maribor) – Internationaler Skiwettbewerb der Damen im Pohorje-Gebirge.

Februar/März

Kurentovanje (Ptuj) – Traditionelle Faschingsumzüge der Kurenti in Fellkostümen. (www.kurentovanje.net)

Laufarija (Cerkno) – Volkstümlicher Fasching mit Verbrennung des Pust, der für alles büßen muss.

März

Weltcup im Skifliegen (Rateče) – Skispringen der Herren auf der berühmten Planica-Skisprungschanze. (www.planica.si)

Bühne beim Festival Lent in Maribor

April

Tulpenausstellung (Volčji Potok) – 2 Mio. Tulpen gibt es in Sloweniens größtem Arboretum zu bestaunen.

Schokoladenfestival (Radovljica) – An drei Tagen stehen Verköstigungen und »süße Events« im Mittelpunkt. (www.festival-cokolade.si).

Juni

Festival Lent (Maribor) – Konzerte, Straßentheater und Shows prägen Sloweniens größtes Open-Air-Festival. (www.festival-lent.si)

Spitzenfestival (Idrija) – Klöppelwettbewerbe und -vorführungen, eingerahmt von Musik und einer schönen Festivalstimmung.

Juli

Straßentheaterfestival Ana Desetnica (Ljubljana) – Kostenlose Aufführungen Anfang Juli (Do–So) in der ganzen Innenstadt. (www.anamonro.si)

Festival Bled – Klassische und Jazzmusik vor schöner Alpenkulisse, zwei Wochen lang. (www.bled.si)

Juli/Aug.

Festival Ljubljana – Wichtigstes Kulturfestival Sloweniens mit klassischer Musik, Tanz und Theater berühmter internationaler Ensembles. (www.ljubljanafestival.si)

September

Kuhball (Bohinj) – Die Rückkehr der Kühe von den Bergweiden wird mit Alpenmusik, Folklore und Käse gefeiert. (www.bohinj.si)

November

Sankt Martin – In allen Weinregionen des Landes wird am Martinstag der junge Wein gesegnet und dazu »koline« (Schlachtplatte) aufgetischt, beispielsweise in Maribor am Trg svobode.

Sport

Wandern und Bergsteigen

Die Slowenen gehen gerne Bergwandern, vor allem der Aufstieg auf den Nationalberg **Triglav** (2864 m) gilt gewissermaßen als »Pflichtübung«.
Durch dichten Urwald, in dem die meisten Braunbären Sloweniens leben, führt der 64 km lange **Roška pot** (»Hornweg«) in Kočevsko. Der **Friedensweg** (www.potmiru.si) verläuft an Schützengräben aus dem Ersten Weltkrieg vorbei. Rund 180 Berghütten, Biwaks und Notunterkünfte gibt es im ganzen Land, entlang 7000 km markierter Wanderwege. Infos beim Slowenischen Alpenverein (www.pzs.si).

Wintersport

Alpinski, Langlauf, Snowboarden – in Slowenien findet jeder seine Lieblingspiste. Die bekanntesten **Skiressorts** erstrecken sich rund um Kranjska Gora im Westen, Bohinj (Vogel) und im Pohorje-Gebirge bei Maribor. Die Ljubljančani trifft man im Skigebiet Krvavec bei Kranj. Das höchste Ressort ist der **Berg Kanin** (2292 m) an der italienischen Grenze – hier kann man auch noch spät im Frühjahr die Piste hinabfegen. Die Hochalm Velika Planina eignet sich dagegen zum Rodeln und für entspannte Schneeschuh-Wanderungen. Informationen zur Schneelage unter www.snezni-telefon.si.

Wassersport

In Slowenien gibt es herrliche Alpen- und Gletscherseen, allen voran den **Bleder See**. Motorboote sind hier nicht zugelassen, Schwimmer finden ein Strandbad unter dem Burgfelsen. Der **Bohinjer See** ist ebenfalls sehr beliebt. Stand-up-Paddeln gibt es ebenfalls, z. B. als geführte Stadtführung in Ljubljana. **Thermalbäder** bieten ganzjährig Badespaß mit Rutschen, Wellness und Sauna, einige verfügen über einen Erlebnisbadbereich. Das Soča-Tal zieht viele **Rafting-Fans** aus ganz Europa an. In Bovec gibt es gleich mehrere Anbieter von Touren. Auf der Krka und Kolpa gibt es ebenfalls Rafting-, Kajak- und Kanuerlebnisse, mit dem Schlauchboot lässt sich die Karstwasserhöhle Križna jama entdecken. Die Adriaküste ist zwar kurz, aber dennoch finden sich hier verschiedene Wassersportarten wie z. B. Windsurfen.

Fahrradfahren

Slowenien lässt sich ganz entspannt mit dem Fahrrad entdecken: In Ljubljana gibt es eine Vielzahl von **Radwegen** und ein öffentliches Bike-Sharing-Konzept (www.bicikelj.si). Einige Skiresorts verwandeln sich im Sommer in **Mountainbike-Parks**, etwa bei Kranjska Gora oder im Pohorje-Gebirge – hier findet jeder Mountainbiker sein Downhill-Erlebnis. Geführte Radtouren (auch mit dem E-Bike) gibt es z. B. ab Bled (www.3glav.com). Ein besonderes Erlebnis ist der **Parenzana-Radweg**, der von Triest ins kroatische Poreč führt: In Slowenien empfiehlt sich der Beginn bei Ankaran/Koper (gut ausgeschildert, »D 8«, www.parenzana.info). Im Norden wird der **Drau-Radweg** ab Dravograd derzeit noch ausgebaut (www.dravabike.si). In der Bela krajina können Familien entspannt Rad fahren. Sanft hügelig bis sehr flach ist auch der äußerste Nordosten Sloweniens.
Fahrräder gibt es bei den TIC (z. B. in Ptuj kostenlos), Reiseagenturen und vielen Hotels. Mit mindestens 2 €/Std. muss man rechnen, E-Bikes werden für 30–60 €/Tag vermietet.

Strom und Steckdose

Die Stromspannung beträgt 220 V/ 50 Hz Wechselstrom. Adapter sind nicht erforderlich.

Telefon und Internet

Bei der Handynutzung innerhalb der EU fallen keine **Roaming-Gebühren** mehr an. Für öffentliche Fernsprecher ist eine Telefonkarte erforderlich, die es in Postämtern und am Kiosk gibt.
Bei Anrufen ins Ausland ist die Ortsvorwahl ohne Null zu wählen (Internationale Vorwahl + Ortsvorwahl ohne Null + Telefon-Nr. des Rufteilnehmers).

Internationale Vorwahlen:

- Slowenien 003 86
- Deutschland 00 49
- Österreich 00 43
- Schweiz 00 41

Kostenloses **WLAN** (»free WiFi«) gehört in den meisten Unterkünften zum Standard, viele Cafés und einige Städte bieten ebenfalls ein Gratis-Datenvolumen für ein bis zwei Stunden pro Tag. In einigen TIC (z. B. Bled) gibt es Computer mit kostenlosem Internetzugang.

Trinkgeld

Bei kleineren Beträgen im Café wird aufgerundet. Im Restaurant sind 5–10 % üblich, je nach Rechnungshöhe.

Umgangsformen

Slowenien ist kein Balkanland, sondern gehört zu Mitteleuropa. Ebenso wenig sind Slowenen Jugoslawen – das war einmal, und der Blick richtet sich heute nach vorne, auf Europa.

Unterkunft und Hotels

Das Angebot in Slowenien ist vielfältig, für jeden Geschmack und jedes Urlaubsbudget ist etwas dabei. Die teuersten Unterkünfte befinden sich in **Ljubljana**. Ebenfalls hochpreisig sind die Tourismuszentren Bled und die Küste, im Winter auch Kranjska Gora. In der Hauptreisezeit ist eine Reservierung sinnvoll (z. B. über www.booking.com oder www.airbnb.de).
Die **Kurtaxe** liegt, je nach Ort, bei bis zu 3,13 € pro Nacht (Erwachsene).

Hotels und Hostels

In den Bergen steigen die Preise im Winter und an der Küste in den Sommermonaten an. Außerhalb der Saison haben viele Hotels am Meer geschlossen. In den vergangenen Jahren sind in allen größeren Städten zahlreiche **private Hostels** entstanden, die in den meisten Fällen auch Einzel- und Doppelzimmer anbieten. Oft sind diese Hostels mit Gästehäusern oder B & B-Unterkünften vergleichbar.

Privatzimmer und touristische Bauernhöfe

Private Zimmer und Apartments bzw. Ferienwohnungen gibt es im ganzen Land. Die Ausstattung reicht von zweckmäßig bis luxuriös. In touristischen Orten finden sich viele Anbieter, die ihre Zimmer auch auf den gängigen Buchungsportalen anbieten.
In ländlichen Gegenden befinden sich landesweit ungefähr 850 **»touristische Bauernhöfe«**, die meist nur mit dem eigenen Auto erreichbar sind. Dort servieren die Gastleute hausgemachte Produkte wie Wein, Schinken und Marmelade, die Kinder freuen sich über Hühner oder Gänse auf dem Hof.

Camping

Die meisten **Campingplätze** liegen in schöner Natur: in den Julischen Alpen, im Soča-Tal, an der Küste und im Südosten in der Nähe des slowenisch-kroatischen Grenzflusses Kolpa. Das Angebot reicht vom luxuriösen »Glamping«, mit Übernachtungen in Lodges, bis zum einfachen Zeltplatz auf der grünen Wiese (z. B. beim Restaurant Labrca in Tolmin, S. 103). Campingplätze finden sich auf der virtuellen ADAC-Campingführer-Website (www.pincamp.de).

Sonstige Unterkünfte

In den Weinbergen gibt es **Winzerhäuschen** (»zidanice«), die an Urlauber vermietet werden. Im Hotel Central in Ljubljana wurde vor Kurzem das erste Kapselhotel des Landes eröffnet, mit zehn winzigen Zellen in einem großen Raum. Übernachten im Baumhaus ist in Bled möglich (siehe »Das besondere Hotel«, S. 105). Piratenbungalows bietet die Terme Čatež an (siehe »Das besondere Hotel«, S. 144).

Verkehrsmittel im Land

Bahn

Züge sind meist günstiger als Busse, benötigen aber länger, da die Strecke oftmals einen Umstieg in Ljubljana erfordert (www.slo-zeleznice.si).

Bus

Das Busnetz ist sehr gut ausgebaut, die Preise sind angemessen, und man kommt in fast jeden Winkel des Landes. Am Wochenende wird es voll, vor allem freitags und sonntags (www.arriva.si).

Shuttlebusse

Sammel-Minibusse (auch individuell buchbar) bringen Gäste vom **Flughafen** in die Innenstadt von Ljubljana, aber auch an jeden anderen Ort sowie zu den Nachbarflughäfen (z. B. Klagenfurt). Je früher man bucht und je flexibler man zeitlich ist (Zeitfenster für Abholung), umso günstiger ist der Tarif (www.goopti.com).

Fahrrad

In größeren Städten wie Ljubljana, Maribor, Celje oder Piran gibt es öffentliches **Bike-Sharing** (z. T. auch Verleih von Elektrorollern) sowie private Fahrradverleiher. Ein E-Bike kann in Bled aufgrund der hügeligen Umgebung sinnvoll sein (Infos bei den TIC oder den Hotels). Für Radfahrer unter 15 Jahren besteht Helmpflicht.

Mietwagen

In größeren Städten und am Flughafen Ljubljana gibt es Mietwagenanbieter. Für die Anmietung ist eine **Kreditkarte** erforderlich. Die Kaution kann nicht in bar oder mit der Girokarte hinterlegt werden. Für ADAC-Clubmitglieder gibt es vergünstigte Konditionen.

Zollbestimmungen

Bei Reisen innerhalb der **EU** bestehen keine Zollkontrollen mehr. Wer Kunstgegenstände (mehr als 100 Jahre alt) ausführt, benötigt eine Sondergenehmigung des Slowenischen Kulturministeriums. Aktuelle Zollbestimmungen für die Einfuhr von Waren in die EU findet man im Internet unter www.zoll.de bzw. www.bmf.gv.at/zoll. Für die Bestimmungen in der **Schweiz** siehe www.bazg.admin.ch. Wer Bargeld im Wert von mindestens 10 000 € mitführt, muss die Herkunft der Barmittel nachweisen (EU-Vordruck zur Anmeldung online unter www.adac.de).

Die Geschichte Sloweniens

Um 9. v. Chr. Das gesamte Gebiet des heutigen Slowenien ist römische Provinz. Handels- und Militärstraßen werden angelegt.

14 n. Chr. Die Römer gründen die Siedlung Emona (Ljubljana).

6. Jh. n. Chr. Slawen lassen sich in der Region nieder.

630 n. Chr. Gründung des Fürstentums Karantanija (Karantanien), ab 745 bayerische, ab 788 fränkische Herrschaft.

Ab 1335 Das spätere slowenische Territorium fällt unter Habsburger Herrschaft (bis 1918), Venedig beherrscht die Küste.

18. Jh. Wirtschaftlicher Aufschwung unter der Habsburger-Kaiserin Maria Theresia.

1809–1815 Napoleon gründet die »Illyrischen Provinzen« mit der Hauptstadt Ljubljana.

1915–1917 Im Ersten Weltkrieg kämpft Italien gegen Österreich-Ungarn: Die Schlachten am Isonzo fordern ca. 1 Mio. Tote.

1918 Gründung des unabhängigen Staates der Serben, Kroaten und Slowenen, ab 1929 Königreich Jugoslawien.

1919/1920 Gebietsabtretungen, u.a. fallen die Küstenregion und das Soča-Tal an Italien, Ungarn gibt das Prekmurje ab.

1941–1945 Im Zweiten Weltkrieg wird Slowenien unter Italien, Großdeutschland, Ungarn und (mit einem winzigen Teil) dem unabhängigen Staat Kroatien aufgeteilt; Flucht, Vertreibung und Ermordung Zehntausender Slowenen.

1945 Partisanenmarschall Josip Broz Tito ruft die »Föderative Volksrepublik Jugoslawien« aus, Slowenien wird Teilrepublik.

1947–1954 Provisorische Verwaltung: Triest (Zone A) und Istrien (Zone B), ab 1954 kommt Triest zu Italien, Istrien zu Jugoslawien.

1991 Die wachsende Unzufriedenheit mit der Belgrader Führung mündet in die Unabhängigkeitserklärung. Es folgt der Zehn-Tage-Krieg in Slowenien.

1992 Die EU erkennt Slowenien als souveränen Staat an; Slowenien wird Mitglied der Vereinten Nationen.

2004 Slowenien tritt der NATO und EU bei.

2007 Slowenien führt den Euro ein.

2017 Der Streit mit Kroatien um die Bucht von Piran wird zugunsten von Slowenien entschieden.

2021 Slowenien wird »Europäische Gastronomieregion«.

2022 Die Lippizzanerzucht in Slowenien und Österreich wird in die Liste des UNESCO-Welterbes aufgenommen.

2023 Flut nach Starkregen und Dammbruch. Durch Hochwasser. entstehen Schaden in Höhe von 5 Mio. Euro.

Marschall Josip Broz Tito 1945 als Partisanenführer im Zweiten Weltkrieg

Slowenisch für die Reise

Das Wichtigste in Kürze

Ja/Nein	*ja (da)/ne*
Bitte/Danke	*prosim/hvala*
Hallo!/Auf Wiedersehen!/Tschüß!	*Živijo!/Na svidenje/Adijo!*
Guten Morgen!/Guten Tag!	*Dobro jutro!/Dober dan!*
Guten Abend!/Gute Nacht!	*Dober večer!/Lahko noč!*
Mein Name ist .../Ich heiße...	*Ime mi je.../Jaz se imenujem...*
Entschuldigung!	*Oprostite!*
Achtung!/Vorsicht!	*Pozor!*
Ich verstehe Sie nicht.	*Oprostite, ne razumem Vas.*
Wie viel kostet ...?	*Koliko stane...?*
Damen/Herren (WC)	*ženske/moški (WC)*
geöffnet/geschlossen	*odprto/zaprto*
gestern/heute/morgen	*včeraj/danes/jutri*
Wie viel Uhr ist es?	*Koliko je ura?*
Wo ist ...?/Wo befindet sich ...?	*Kje je .../Kje se nahaja ...?*
Wie weit ist ...?	*Kako daleč je do ...?*
Ist das der Weg nach ...?	*Ali je to cesta za ...?*
Nord/Süd/West/Ost	*sever/jug/zahod/vzhod*
Ich möchte ...	*Rad bi ...(m.)/Rada bi ... (f.)*
Die Rechnung, bitte!	*Račun prosim...!*
Restaurant/Gasthaus	*restavracija/gostilna*
Auto/Fahrzeug	*avto/vozilo*
Tankstelle	*bencinska črpalka*
Bleifreier Kraftstoff/Super/Super Plus/Diesel	*Neosvinčeno gorivo/95- (100-)oktanski neosvinčen bencin/dizel*
Panne	*okvara*
Hilfe!	*Na pomoč!*
Fahrrad/E-Bike	*kolo/električno kolo*
Hauptbahnhof	*železniška postaja*
Busbahnhof	*avtobusna postaja*
Flughafen	*letališče*
Ausweis	*osebna izkaznica*
Bank/Geldautomat	*banka/bankomat*
Arzt	*zdravnik*
Apotheke	*lekarna*
Lebensmittelgeschäft	*živilska trgovina*
Tourismusbüro	*Turistični informacijski center (TIC)*

Wochentage

Montag/Dienstag	*ponedeljek/torek*
Mittwoch/Donnerstag	*sreda/četrtek*
Freitag/Samstag	*petek/sobota*
Sonntag	*nedelja*

Monate

Januar/Februar	*januar/februar*
März/April	*marec/april*
Mai/Juni	*maj/junij*
Juli/August	*julij/avgust*
September/Oktober	*september/oktober*
November/ Dezember	*november/december*

Zahlen

1	*ena*	8	*osem*
2	*dva*	9	*devet*
3	*tri*	10	*deset*
4	*štiri*	11	*enajst*
5	*pet*	12	*dvanajst*
6	*šest*	100	*sto*
7	*sedem*	1000	*tisoč*

Hinweise zur Aussprache

c	wie ›ts‹ (nicht wie k), z. B. Celje
č	wie ›tsch‹ in klatschen, z. B. čipka (Spitze)
š	wie ›sch‹ , z. B. kremšnita
ž	stimmhaftes ›j‹ in Journal, z. B. živijo (Hallo)
lj	wie ›lj‹ (eng zusammen), z. B. Ljubljana
s	stimmloses ›s‹, z. B. sto (100)
v	wie ›w‹, z. B. voda (Wasser); Ausnahme: am Silbenende/Satzanfang vor Konsonant als ›u‹ gesprochen, z. B. avto (Auto)
z	stimmhaftes s, z. B. zajtrk (Frühstück)

Register

Bildnachweis
Titel: Blejsko jezero, der See von Bled
Foto: **mauritius images** (Maurice Crooks/Alamy)
Rücktitel: Blick auf die Burg von Ljubljana bei Sonnenuntergang
Foto: **Shutterstock.com** (Sergii Figurnyi)

AdobeStock: den-belitsky 2/3; Teya KP 2; sergejson 9; Branko Srot 62.2, 137.2; Matic Stojs Lomovsaek 65.2, 137.1, 141; anzze86 78; AnneSophie 81; janoka82 85.1; Jenny Sturm 91; Richard Semik 99; Olja 107.1; ggfoto 147; anilah 148 – **Alamy Stock Photo:** Zoonar GmbH 35 – **gemeinfrei:** 44 – **Getty Images:** 500px Prime/Bor Rojnik 16/17; 500px Prime/Blaz Gvajc 21; tomazl 24; Jure Gasparic/EyeEm 29; Universal Images Group Editorial/VW Pics 30; AFP/Stringer 33; AFP/Jure Makovec 36, 37, Simon Skafar 160 – **Hostel-Celica:** Miha Mally 83 – **Huber Images:** Sebastian Wasek 19, 31; Günter Gräfenhain 58/59 – **imago images:** Danita 75 – **Interfoto:** Austrian National Library/Giovanni Varoni 45 – **laif:** Thomas Linkel 27; Dagmar Schwelle 39, 40 – **lookphotos:** Cavan Images 107.3, age fotostock 113 – **mauritius images:** RossHelen editorial/Alamy 22; Aurora Photos 23, 28; marcin jucha/Alamy 26; Dubravko Grakalic/Alamy 34; eye35/Alamy 38; Ivan Batinic/Alamy 41; Westend61 RF 48; Giuseppe Anello/Alamy 49; Roberto Lo Savio 54; FotoPulp/Alamy 63.1; Aurora Photos/Menno Boermans 85.2; Andrija Majsen/Alamy 107.2; Stefan Kiefer/imageBROKER 114/115; Wilfried Wirth/imageBROKER 130; Gerhard Wild 135; Siepmann/imageBROKER 145; Ladi Kirn/Alamy 151; JT Vintage 184 – **MZaplotnik:** CC BY-SA 3.0 47 – **picture alliance:** Gert Eggenber 46 – **Shutterstock.com:** Erazem Dolzan .2;sonsart 6/7; RossHelen 7.1, 115/116; Gaspar Janos 7.2; Eva Bocek 8.1; Andrej Safaric 8.2, 20; Kochneva Tetyana 8.3; Bumble Dee 10/11; Mikhail Gnatkovskiy 11; Andrej Jakolic 18; Agnes Kantaruk 25; Piotr Krzeslak 32, 138; Mikadun 50; Nataliya Nazarova 51; Andrew Mayovskyy 52; Foto Matevz Lavric 55; of-fr 56; dejan_k 57, 108; Menno van der Haven 60.1; 2stockista 60.2; Svietlieisha Olena 61.3; Dani Vincek 62.1; Sergey Novikov 63.3; hbpro 65.1; Spartaq 65.3; Matej Kastelic 66/67, 72; Kiev.Victor 71; goodcat 77; Adam Wrobel 85.3; ZM_Photo 86/87; Wolfgang Simlinger 92; alpinetrail 95; Denis Grey 96; Alexandra Lande 102; Shevchenko Andrey 109; JRP Studio 110; marcin jucha 112; Stanislav Kachyna 117; Yure 119; Hans Wagemaker 123.1; world of inspiration 123.2; Tony Craddock 123.3; Matic Stojs Lomovsek 129;Reimar 133; piotrbb 137.3; DbDo 142; Roman Babakin 155.1; anderml 155.2; trabantos 155.3; Jure Kralj 156/157; Ondra Vacek 163; Peter Planinsek 164; Simon Bozic 167; Milan Tomazin 168; M-SUR 180; blazg 192.1; Minoli 192.2 – **Veronika Wengert** 3.1 – **stock.adobe.com:** Andrey Armyagov 12/13; kasto 14/15 –**www.gardenvillagebled.com:** 105 – **www.slovenia.info, photo:** Iztok Medja 42; Marko Pigac, archive Zavod za turizem Maribor-Pohorje 43 – **www.sava-hotels-resorts.com:** 172 – **www.terme-catez.si:** 153 – **www.theodosius.si:** 121

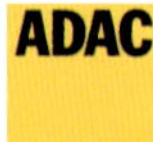

Markenlizenz der ADAC Medien und Reise GmbH, München

ISBN 978-3-98645-104-2

2. Auflage Dezember 2025

Autorin: Veronika Wengert

Redaktion: Juliane Helf, Susanne Kronester-Ritter

Lektorat und Satz: Julia Niehaus, Thomas Rach, www.bintang-berlin.de

Bildredaktion: Dr. Nafsika Mylona

Reihengestaltung: Eva Stadler, München; Independent Medien Design, Horst Moser, München

Kartografie: Huber Kartographie GmbH, www.kartographie.de

Herstellung: Felix Robitsch, Mendy Willerich

Druck + Bindung: Drukarnia Dimograf Sp z o. o. (Polen)

Wichtiger Hinweis
Die Daten und Fakten für dieses Werk wurden mit äußerster Sorgfalt recherchiert und geprüft. Wir weisen jedoch darauf hin, dass diese Angaben häufig Veränderungen unterworfen sind und inhaltliche Fehler oder Auslassungen nicht völlig auszuschließen sind. Für eventuelle Fehler oder Auslassungen können Gräfe und Unzer, die ADAC Medien und Reise GmbH sowie deren Mitarbeiter und die Autoren keinerlei Verpflichtung und Haftung übernehmen. Alle Inhalte im Buch wenden sich an und gelten für alle Geschlechter (w/m/d). Soweit grammatikalisch männliche, weibliche oder neutrale Personenbezeichnungen verwendet werden, dient dies allein der besseren Lesbarkeit.

Ansprechpartner für den Anzeigenverkauf:
KV Kommunalverlag GmbH & Co. KG, MediaCenter München, Tel. 089/928 09 60

Bei Interesse an maßgeschneiderten B2B-Produkten:
b2b-kontakt@graefe-und-unzer.de

Leserservice
GRÄFE UND UNZER Verlag
Grillparzerstraße 8
81675 München
www.gu.de/kontakt | hallo@gu.de

Umwelthinweis
Nachhaltigkeit ist uns sehr wichtig. Der Rohstoff Papier ist in der Buchproduktion hierfür von entscheidender Bedeutung. Daher ist dieses Buch auf PEFC-zertifiziertem Papier gedruckt. PEFC garantiert, dass ökologische, soziale und ökonomische Aspekte in der Verarbeitungskette unabhängig überwacht werden und lückenlos nachvollziehbar sind.

Unterwegs in Slowenien

Mit dem E-Mobil

Sie sind froschgrün, kirschrot oder eisblau: die kleinen Elektrovehikel, die müde Passagiere kostenfrei durch die Altstädte von Ljubljana, Maribor, Ptuj oder Kranj kutschieren. Einfach anrufen oder anhalten.

Im Untergrund

Ein Original-Bergwerkszug fährt 3,5 km ins stillgelegte Zinkbergwerk Mežica ein, dann steigt man auf Kajaks um und paddelt 700 m unter der Erdoberfläche durch den gefluteten Stollen. Auch mit dem Mountainbike gibt es eine Tour.

■ Podzemlje Peče – Turistični rudnik in muzej, Glančnik 6, Mežica, www.podzemljepece.com

Mit dem Museumszug

Sloweniens schönste Eisenbahnstrecke, Bohinjska proga (»Wocheiner Bahn«), schlängelt sich von den Alpen bis an die italienische Grenze, mit 28 Tunnels, fünf Galerien und 65 Brücken – einfach spektakulär!

■ Details auf S. 94

Mit dem Leihfahrrad

Öfter mal das Rad wechseln? Machen in Ljubljana viele. Beim öffentlichen Bike-Sharing ist die erste Stunde kostenlos, die Anmeldegebühr symbolisch (1 €/Woche, 3 €/Jahr).

■ Details auf S. 183, www.bicikelj.si

Mit dem Ruderboot

Viel besungen, heiß geliebt: Die traditionelle Pletna auf dem Bleder See ist kein gewöhnliches Holzboot. Die Ruderlizenz kann nur vererbt werden – und das seit 1590. Der Gondoliere rudert übrigens im Stehen.

■ Details auf S. 88